東京喫茶録《カフェログ》

CAFE LOG TOKYO

飯塚めり
Meri Iizuka

KANZEN

はじめに

喫茶店は「全身で感じるもの」なのだと思います。
建物、インテリア、音楽、メニュー、照明、
お店の方やお客さんの醸す空気……などが
総合的にまじりあってできたもの。
メニューはもちろんのこと、どこをどう味わってもいい。

本書は、そんな喫茶店という環境を、イラストで切り取ったものです。
筆者がまさに店内で喫茶をしているときに
「たまらん！」という気持ちに動かされて
その場で描いたものが主ですので、
写真や文章とは違った、デフォルメの味わいや臨場感のようなものを

感じていただけたらいいなぁ、と思っています。
また、文章での紹介部分は、ガイドブックに寄せるというよりも
筆者の「お客さん目線」「観察目線」になっています。
お店のプロフィールを掘り下げることを目指したものではありませんので
のんびり、お店の空気を想像しながら追体験を楽しんでいただけると何よりです。

本書をお店に通うための手がかりのひとつとしていただければ幸いですし
日常から逃避するための一服の読みものとして
味わっていただくのもうれしいな、と思います。

それでは、
どうぞゆっくりと、
喫茶店でくつろいでいる気分でお楽しみください。

今作では
東京に限らず、
東京近郊の地域の
お店も少しだけ入れて
ます～

飯塚めり

今の気分にぴったりなお店は？

本書は、気分や用途にあわせてお店を選べるよう章にわけています。ここでは、章ごとにマトリクスで「だいたい」の雰囲気を示してみました。ご参考までに。

カジュアル

第4章
おやつを食べよう

第6章
音楽を愛でる

第9章
読書／仕事をしよう

章のなかでも
お店の個性はさまざまなので
これは、おおまかな目安です。
迷ったら、使ってみてね。

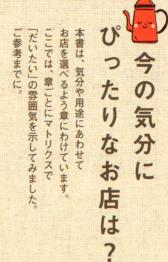

今の気分にぴったりなお店は？

濃厚
第5章
建物を愛でる
第1章
街の喫茶店
第8章
紅茶専門店
第3章
ごはんを食べよう
渋
第7章
温故知新な喫茶店
第2章
紳士淑女の
珈琲店／喫茶室
シンプル

CAFE LOG TOKYO

CONTENTS

第4章 甘いものとカフェインはとびきりのパートナー
喫茶店デザートを求めて

第5章 凝った空間で陶酔感倍増 建ものに酔う

建築編

内装編

第6章 音がよければより深いひとりの境地へ
音楽を楽しむ喫茶店

第7章 新しいのになつかしい
温故知新な喫茶店たち

※本書に掲載されている情報は、2018年9月現在のものです。お店のデータや料金など、掲載内容が変更されている場合がございます。詳細は各店舗にご確認ください。

第1章

大衆店も駅前のお店も
街の「渋いい店」にとけこもう

＊

お客さんやメニュー、内装、営業時間…
喫茶店は立地する街の雰囲気を反映するもの。
そのお店を味わうことは、その街を知ることだったりします。

珈琲亭 ルアン

（大森）

ルアン
大森
ポテチ
ホットサンド ハムタマゴチーズ
アルミホイルが敷かれているのもいい…
バラの形のクリームとザラメ
先にカップがくる。
Before
After
バラの器
このクリームは1分ほどでとけて消えてしまう。
「ベルサイユのバラ」
ロイヤルミルクティーに生クリーム。
本日のサービス品
手描き文字が多いのもスキ。
お客さん方の落ちついた感じもとてもいい…
ジモティー感もすごい。
ロイヤルミルクティーを注いでくださる
モカセーキ
アイスコーヒーに卵黄とミルク
グラスがキレイで…
やさしい味。カフェオレより飲みやすい!
バーガーパクー
ハンバーガー
マヨがデフォルト。
お値打ち!
フカフカバンズにハンバーグケチャップキマウ!!
珈琲豆がしきつめられてるタイプのテーブル
ほどよい席の間隔。
ほどよいお客さんの距離感…

絵になるアンティークな異空間に溶け込む。

"一見さん"としてフッと飛び込んでも、お店に自然と溶け込んで「風景の一部分」になれるような、そんな「街の喫茶店」が好きです。

この「ルアン」はイイ感じに経年変化した椅子やテーブル、うつくしい食器、壁に掲示された味わいあるメニュー説明文など、満点のムードで絵になる飴色の空間。

そんな喫茶店らしい異空間にもかかわらず、店員さんの"のんのん"とした穏やかなようすや、常連さんとおぼしいお客さんのこなれたようすなどが、緊張せずラクに過ごせる空気をつくっています。これは、大森という下町情緒が残る街の性質なのか、創業の1970年から長く営まれてきたお店のふところの深さからくるものなのか。

目の前で店員さんがコーヒーとミルクを注ぎ完成させるカフェオレや、バラの形のホイップクリームに長ーい注ぎ口のポットからあつあつミルクティーを注ぐ「ベルサイユのばら」、ブランデーをしみこませた砂糖にマッチで火を灯し、ほのかな青い炎があがる「カフェロワイヤル」など、小さな魔法のようなライブ感を楽しめるメニュー多し。

ROUEN

東京都大田区大森北1-36-2

［TEL］
03-3761-6077

［営業時間］
月～土7：00～20：00
日／祝7：30～18：00

［定休日］
木曜／夏季休暇／年末年始
※臨時休あり

［喫煙／禁煙］
禁煙

MENU

- ・ブレンドコーヒー 420円～
- ・カフェ・オレ 470円
- ・アイス・ウィンナー 520円
- ・ホットサンド 440円～
- ・ハンバーガー 570円

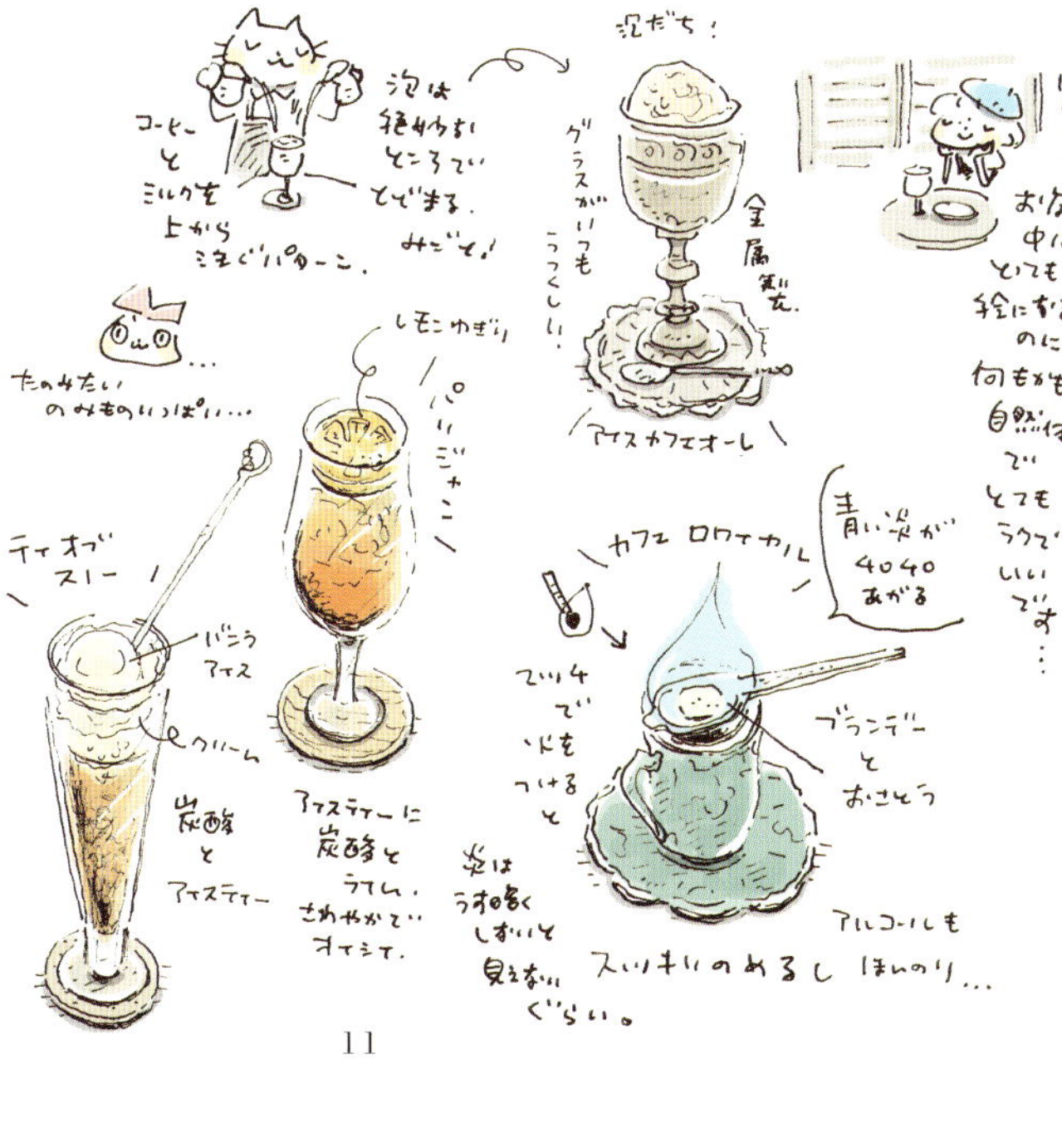

泡だち！
泡は絶妙なところでとどまる。みごと！
コーヒーとミルクを上から注ぐパターン。
グラスがいつもうつくしい！
金属製。
アイスカフェオーレ
おなかの中はとても絵になるのに何もかも自然体でとてもラクでいいです…
たのみたいのみものいっぱい…
レモンかざり
バニラアイス
クリーム
炭酸とアイスティー
アイスティーに炭酸とラム。さわやかでオトナで。
カフェロワイヤル
青い炎がゆらゆらあがる
ブランデーとおさとう
炎はうす暗くしないと見えないぐらい。
アルコールもスッキリのめるし ほんのり…

伴《ばん》茶《ちゃ》夢《む》

(目白)

伴茶夢
ばんちゃむ
目白
カレーパスタ
カフェオレをセットにできる…！
バランスのよい味ですき。
「パンカレー」をたのみにきたつもりが まちがえて カレーパスタに…
思いつきで
飛ばさないよう しっかり巻くです…
大胆！！
コーンフレーク
カフェクイーン
チョコソースと
チョコスプレッド
ホイップ
バニラアイス
カフェオレ
パンカレー。
カットしたトーストにカレーがかかっている。
スナッキーでよいのです。
カレーライスのライスをパンにしただけでぜんぜんちがうメニューに！
学生さんのおしゃべりをずーっときいてるだけ…
店員さんもまた学生さんという。ならではでよいね。

BANCHAM

東京都豊島区目白3-14-3 B1階

［TEL］
03-3950-6786

［営業時間］
8：00 ～ 22：30

［定休日］
なし

［喫煙／禁煙］
喫煙可

MENU

・ブレンドコーヒー	450円～
・カフェオレ	510円
・ルシアン珈琲	580円
・ナポリタンセット（ドリンク付き）	930円
・パンカレーセット（ドリンク付き）	770円

学生が集まる ノーブルで重厚な地下空間。

「学生街の喫茶店」は、現在の学生だけではなくて、社会に出て年を重ねた〝かつての学生たち〟も訪れる、時間的に重層的な場所。そして、その校風がお店の雰囲気にも強く反映されている。

こちらのお店は、木とレンガに囲まれた、豪華で重厚な造り。けれど素朴というよりも都会的、都会的だけれど軽くない。目白という、クラシックでノーブルな街のムードを醸しているのです。

スペシャリティコーヒーのほか、ジョッキ入りのカフェオレにアイスクリームやシリアルが入った「カフェクイーン」、ボリュームある食事メニュー「カレーパスタ」や「パンカレー」など、ハイブリッドな〝よくばりメニュー〟が充実。

コーヒーショップ ギャラン（上野）

ゴージャスにして昭和なサロンへようこそ。

ブロンズ色の壁や天井に、ギラギラっとしたシャンデリアや革張りのソファといった、昭和歌謡がしみ込んだような内装。そんな濃厚な空間で、平常運転な感じでリラックスするお客さんたち。

仕事のあいまにちょっとサボっているようなビジネスマンのおじさま、打ち合わせをするミステリアスな人たち、新聞を何紙もめくるダンディなおじいさま。今ドキの若いカップルもまた、観光という感じではなくてデイリーユースのようなこなれた風情で、上野らしさ満点。

チェック柄と黒の組み合わせがキュートな店員さんの制服や、コースター、店名サインなどのディテールも品があり、喫茶店らしい見どころです。

コンパクト席でもふかふか〜ソファ!!
ゆーったり

ギラギラ
ギラギラ

オムライス
ギッシリたっぷりチキンライス

上野
Galant
ギャラン

ミルクついてくるので
ミルクティフロートにできる!
ティーフロート
ぷりっとしたグラス。いいね〜

コースターかっこかわいい!
Galant

ウェイトレスさん
秋冬は黒カーデをはおるのね。カワイイ…!
ローファーもかわいい

coffee shop Galant

東京都台東区上野6-14-4

［TEL］
03-3836-2756

［営業時間］
8：00 〜 23：00

［定休日］
なし

［喫煙／禁煙］
喫煙可

MENU

- コーヒー（ブレンド）650円
- 生レモンスカッシュ 750円
- クリームソーダ 800円
- ドライカレーセット（サラダ、ドリンク付き）※ランチ時のみ 1000円
- チョコレートパフェ 950円

COFFEE フジ

(新橋)

こんなについてくる！
コンソメスープ
アイスコーヒー
セロリのポテサラ
ビジネスマンの方たくさん…
目玉焼きのせ
チキンライス
プチプチはじけるグリンピース
イタリアンパセリ
ケチャップ味がスモーキーでたまらんのだ
少なめにしていただいてます
新橋のビルは キッサな以外も おいしそうで うらやましい…

富士山の下の右はしの席にドウゾ〜
なるほど。
やっぱり そしてビジネスマンのみなさんの会話が心地よい…
適度な人間味とドラマもがあってよいのだ
明らかにビジネスマンではないかっこうをしてきてしまった
ネコのニット

ビジネスマンはBGMである。

オフィス街の喫茶店で、ビジネスマンの方々がひしめく中に埋もれて過ごすというのは、どうしてこんなに落ち着くのだろうか。

ビジネストークというのは、論理的に話されているということ、また、一定の声質やトーンでもって話されるということもあり、極めて安定感がある環境音だからではないか……とわたしは思っています。自らの存在感を消してくれる効果がある、至高のBGM。

チキンライスは、スパゲティのように服が汚れることを恐れず、スプーンで気軽にパクパクいただけるので、個人的にいちばん好きな洋食です。フジのピラフメニューは目玉焼き載せなところもソソる！　グリンピースとチキンライスのプチプチ食感と〝ケチャッピー〟な味わいが「チキンライス欲」をしっかり満たしてくれます。

激シブ要素満載なのに、なぜかパソコン作業のためのものと思しいコンセントが用意されている席もあったりして、ちらりとのぞく「アップデート」感もおもしろい。

このお店が入店する「ニュー新橋ビル」は、レトロビルとしての味わいも深く、ビルの観光も兼ねて、ぜひぜひ。

fuji

東京都港区新橋2-16-1
ニュー新橋ビルB1階

［TEL］
03-3580-8381

［営業時間］
平日9：00～20：00
土9：00～18：00

［定休日］
日曜／祝日

［喫煙／禁煙］
喫煙可

MENU

- ブレンドコーヒー　450円
- カフェオーレ　550円
- 昆布茶　480円
- チキンライス　850円
- 窯焼きホットケーキ　750円

珈琲の詩《うた》

（高津）

ジモト感と公共空間の雰囲気が絶妙に交わる。

駅前の大学病院内の喫茶店。緊張感のある公共施設とくつろげる店舗との中間のような雰囲気が、なんとも不思議な居心地。

カレーライスは家庭的で安心感ある味で、ついつい毎度頼んでしまうメニュー。セットにカフェオレを付けられるのもわたしにはうれしいポイント。カフェオレは甘味つきでコーヒーとミルクの二層になったタイプ。プリンは金属の器に入ったクラシカルタイプで、これまた好みなのでした。どれも、正統派の珈琲店らしい味わい。

店内にはクラシック音楽が流れ、店主さん自らレコードやCDを入れ替えていて、現在流れる曲目がわかるようにさりげなく掲示されています。

今日はプリンがあった！
このあいだの（プリンに切れていたときの）方ですね？

高津
珈琲の詩《うた》
カレーライス
ついつい同じものをたのんでしまう人…おいしかったのでリピート…ということではあるんだけど。そういう性分なんだ。
ザ・カレーライス!! というソボクな味でとてもすき…
ごはん小もりにしていただきました
アイスカフェオレ
甘みつきで二層タイプの
カフェオレもセットドリンクになるゾ〜！
大きな病院併設で、その公共空間ぽさもスキなところ…

cafe-uta

神奈川県川崎市高津区二子5-1-1
帝京病院1階
www.cafe-uta.com

［TEL］
044-822-2733

［営業時間］
9：00～21：00

［定休日］
日曜／祝日／年末年始

［喫煙／禁煙］
禁煙

MENU

・ブレンド	400円
・カフェオーレ	400円
・ハムトースト	270円
・特製カレー	550円
・プリン飲み物セット	750円

Column

街と喫茶店。

喫茶店は、建物やメニューだけがポーンと唐突に存在するわけではなく、いろいろな「文脈」のなかにあるものと思っています。つくられた時代、お店自身の歴史……とりわけ、立地する街の性格を強く反映するものだなあ、としみじみ思う。

その街がビジネス街なのか、繁華街なのか、郊外にあるのか。はたまた学生街なのか。歴史ある街なのか、新興住宅地なのか……。

それにより、どういう時間帯に、どんなお客さんが来て、そしてどんな注文のしかた、滞在のしかたをするのかも大きく変わってきます。

逆に考えると、喫茶店に行けば、その街の雰囲気や歴史など、いろいろとくみ取れるとも言える。ということで、お出かけ先、旅先で喫茶店に寄るという行為も、その土地をよく理解するのにぴったりなことだと思っています。

わたしのおすすめは、その街に住んでいる、その街で働いている、近くの学校に通っているつもりで……「プレイ」をしてお店に滞在してみること。

「わたしはこの近くで働いていて、ランチで来ているのだ」「ここで一服してるなんて、会社のみんなも気が付くまい」「授業の合間に、落ち着くなあ」……などなど。観光気分で訪れるのももちろん楽しいのですが、目線が変わり、自然体で楽しむことができ、お店の〝等身大〟の姿を感じられて、新しく見えてくるものが多いはず、です。

← レトロなおななのに
USBコンセントと
フリーのコンセントが
ある
「お使いください」
とのこと。
充
電!!
びびび

第2章

紳士な珈琲店、淑女な喫茶室

＊

オーセンティックなバーのようにカウンターでコーヒーを。
あるいは、清楚で優雅な空間で紅茶とケーキを。
背筋をのばして、ぱりっとした気分で通いたいお店はいかが。

茶亭
羽當《はとう》
（渋谷）

ハトウ
羽當
渋谷
オレ・グラッセ。
ストローなしのオレグラッセがすきです。
シナモン シフォンケーキ。
メルヘンな卓上ランプ。
どっしりつまったおいしいシフォンケーキ。のどごしばつぐん！
平日のよるはほどよい人入りで、いーぐあいですヨ。
カウンター席にすわる人たちはかっこいいなァ。
みんな、ひとりになりにきている。
木がいけられてるのもいつもすてき。

カボチャプリン
クリーム
ミント
オトナの甘さでオイシすぎ。
また来たかった
たーっぷり！
アイスウインナーコーヒー
ハトウはいろいろとビッグサイズね…！
クリームももりもりだぜ
大テーブルもすき。
目線をさえぎるものがあるのでけっこうひとりになれるよ。

都会人がひとりになれる大人の空間。

古い喫茶店ガイドをめくると、今ではチェーン店や明るいお店が増えた渋谷界隈にも、かつては個人経営の渋い喫茶店が数多くあったことを知ることができます。この「羽當」は、1989年創業。渋谷駅のごく近くにありながら、かつての渋谷はこんな感じだったのだろうか……ということを垣間見せてくれるような、薄暗く重厚な空間。

黙々とコーヒーを淹れる紳士的な店員さん、木の長ーいカウンター席、タバコでイイ色になった壁、洞穴にいるかのようなほどよい照明、季節ごとの生け花は青々と天井まで枝葉が届いて、緑の噴水のように涼しげ。

そして、都会的な空気をまとったお客さんたち。メディアやアパレルの業界人のような人たち、衣装からも話す内容からもただものじゃなさがビンビンに伝わるマダム、昔から来ているようなこなれたビジネスマン……といった面々が、喫茶店の役者さんとしていろどりを添えます。

大きなワイングラスに入り、甘いミルクときりりとしたコーヒーとのコントラストがおいしい「オ・レ・グラッセ」はたっぷりめ。自家製シフォンケーキは甘すぎず、とってもなめらか。この組み合わせが、マイ定番です。

Hato

東京都渋谷区渋谷1-15-19
二葉ビル2階

［TEL］
03-3400-9088

［営業時間］
11：00 〜 23：30
（ラストオーダーは閉店30分前）

［定休日］
なし

［喫煙／禁煙］
喫煙可

MENU

- 羽當オリジナルブレンド 850円
- エージング珈琲（デミタス） 950円
- オ・レ・グラッセ 950円
- シフォンケーキ 500円

バーのようで、オーセンティック
ホッとするかんじもあるよね。

銀座ウエスト本店
（銀座）

くるみ
バタークリームケーキ
なつかしくてやさしい。
包み紙の金色もキレイ。
キーマン
5杯いただいてしまった
ゴルゴンゾーラレモンパイ
しゃべりすぎてフラフラになったのでおかわりしつつ糖分ホキュウ。
ミルク
ピカピカ
生花があるよさ…
たんとお茶であります。
銀座
ウエスト
WEST
ロイヤルミルクティー
チョコレートパイ。
おかわりできる！
女友だちとウエストということをしたかったのだ…！
クリーム＋チョコ＋タルト生地
ホイルをむくと…

いつまでも「憧れ」の白い喫茶室。

年上の女性に連れて行ってもらうお店、というイメージが強くて、かくなるわたしも「ウエストデビュー」は勤めていた職場の上司に連れて行ってもらったとき。ちょっぴり緊張もしたけれど、同時に、「お姉さまに連れて行ってもらった」特別な気分でときめいたりもしたりして。

ケーキを頼むと、木の台にずらりと並んだサンプルのケーキたちが、気高くかがやくよう。飾らずシンプルな造形と落ち着いた色合いだからこそ、ケーキそのものが持つスペシャル感や色気が引き立って感じられる。このなかからひとつを選ぶ行為がまた、女の子と一緒だと華やぐ時間になります。

飲みものは一部をのぞいておかわりができる（ロイヤルミルクティーやカフェオレまで！）のも、「よそゆき」な気分を高めてくれ、茶話もヒートアップ。

白を基調とした清楚でコンセプチュアルな内装に、凜とした佇まいの店員さん、メニュー表のキャプション、温もりある店内配布の小冊子「風の詩」など、老舗洋菓子店の喫茶室らしい「おもてなしの良心」にふれる体験と文化的なムードに、すみずみまで心が洗われます。

WEST GINZA PARLOR

東京都中央区銀座7-3-6
www.ginza-west.co.jp

［TEL］
03-3571-1554

［営業時間］
平日9：00～22：00
土／日／祝11：00～20：00

［定休日］
なし

［喫煙／禁煙］
禁煙

MENU

・コーヒー	1048円
・ティー	1048円
・クリームソーダ	1188円
・ミルフィーユ	454円

※青山ガーデン店、ベイカフェヨコハマ店もあり

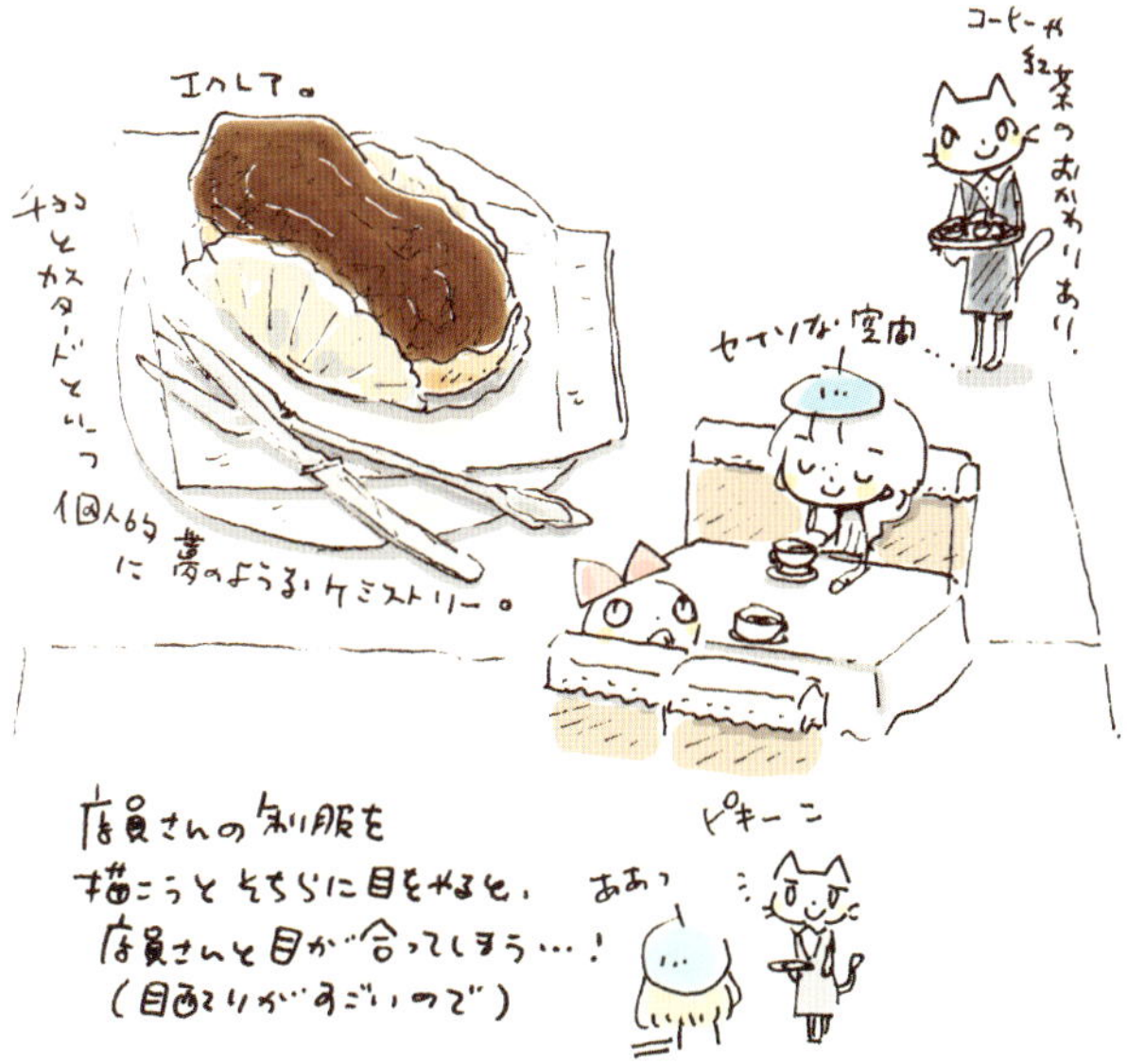

エクレア。
とカスタードという
個人的に夢のようなケミストリー。
コーヒーや紅茶のおかわりあり。
セイソな空間……
店員さんの制服を
描こうとそちらに目をやると、ああっ
店員さんと目が合ってしまう……！
（目配りがすごいので）
ピキーン

西荻窪 こけし屋
クレープこけし屋風
キャラメルティー
ちょっぴりフルーティーなお味。
もちもち食感
甘さひかえめ。
紙ナプキンの絵もかわいい。
前からたのみたかったのだけど14時以降のメニューなのでようやく!
ブランデーがかかっている。
ホイップ
コーヒーゼリー!
モカ的なムース
シックなうつくしさ!
シロップ
やさしい室内…
いらっしゃいませ!
ジェントル!
パリッとした店員さんもステキ。
こけしも飾られていたさりげない!
これでフランス料理の階でコース食べてみたいなァ

こけし屋

（西荻窪）

Kokeshiya

東京都杉並区西荻南3-14-6
www.kokeshiya.com

［TEL］
03-3334-5111

［営業時間］
9：00 ～ 17：30
（ラストオーダーは閉店30分前）

［定休日］
火曜

［喫煙／禁煙］
分煙

MENU

・コーヒー 460円
・紅茶（ポット入り） 464円
・モーニングセット（11:00まで） 626円～
・サバラン 237円
・クレープこけし屋風 432円

“杉並のパリ”西荻窪を感じるティールーム。

1階は洋菓子店、2階が喫茶室、3階がレストラン……という、歴史あるフランス料理店ビル。手描きのやわらかさがあるお店のロゴ、メニュー表の説明文、「いらっしゃいませ」と低く声を張る、パリっと紳士的な店員さんなど、そこかしこに在りし時代の豊かさや様式美を感じ、いやされます。

客層は幅広く、どんなお客もどっしり受けとめる老舗ならではのふところの深さを感じさせます。

お気に入りは、14時以降に注文できる「クレープこけし屋風」。派手なトッピングなどはなく、ブランデーとほんのりザラメがまぶされた大人のクレープ。ナイフとフォークで、背筋をのばして淑女気分でいただきます。

西洋菓子 しろたえ

（赤坂見附）

小さなご褒美を、ふたつ、みっつ。

木としっくい風の壁の内装、クラシカルな雰囲気のなか、ケーキという「ご褒美」「ねぎらい」感が強い食べものをひそかにいただくワクワク感。

ケーキって、いつもならばひとつを選び抜いて頼むものですが、こちらのお店のケーキは小ぶり（でお値打ち！）なため、ついつい2個以上頼んでしまいがち。この行為、どうにも「二股」感があるのですが……このちょっとした罪悪感がまた、スパイスに変身。洋菓子だけど、和菓子のようなちんまりした存在感と、素朴で上品な甘さや食感。

「大人の手みやげ」として店先で買って帰られる方が入れ替わり立ち替わりする光景を横目に、ゴチソウ感がさらに加速します。

ケーキは「ごほうび」感があってよいよね。
アッサムティー
シュークリーム
洋酒の味がきいていて上品。
小ぶりで良心価格なので2つたのんでしまった…
レアチーズケーキ
しろたえ
SIROTAE
赤坂見附

Sirotae

東京都港区赤坂4-1-4

［TEL］
03-3586-9039

［営業時間］
月～土10：30～20：30
祝10：30～19：30
（ラストオーダーは19：00）

［定休日］
日曜

［喫煙／禁煙］
分煙

MENU

・ブレンドコーヒー	400円
・紅茶	400円～
・レアチーズケーキ	260円
・シュークリーム	180円

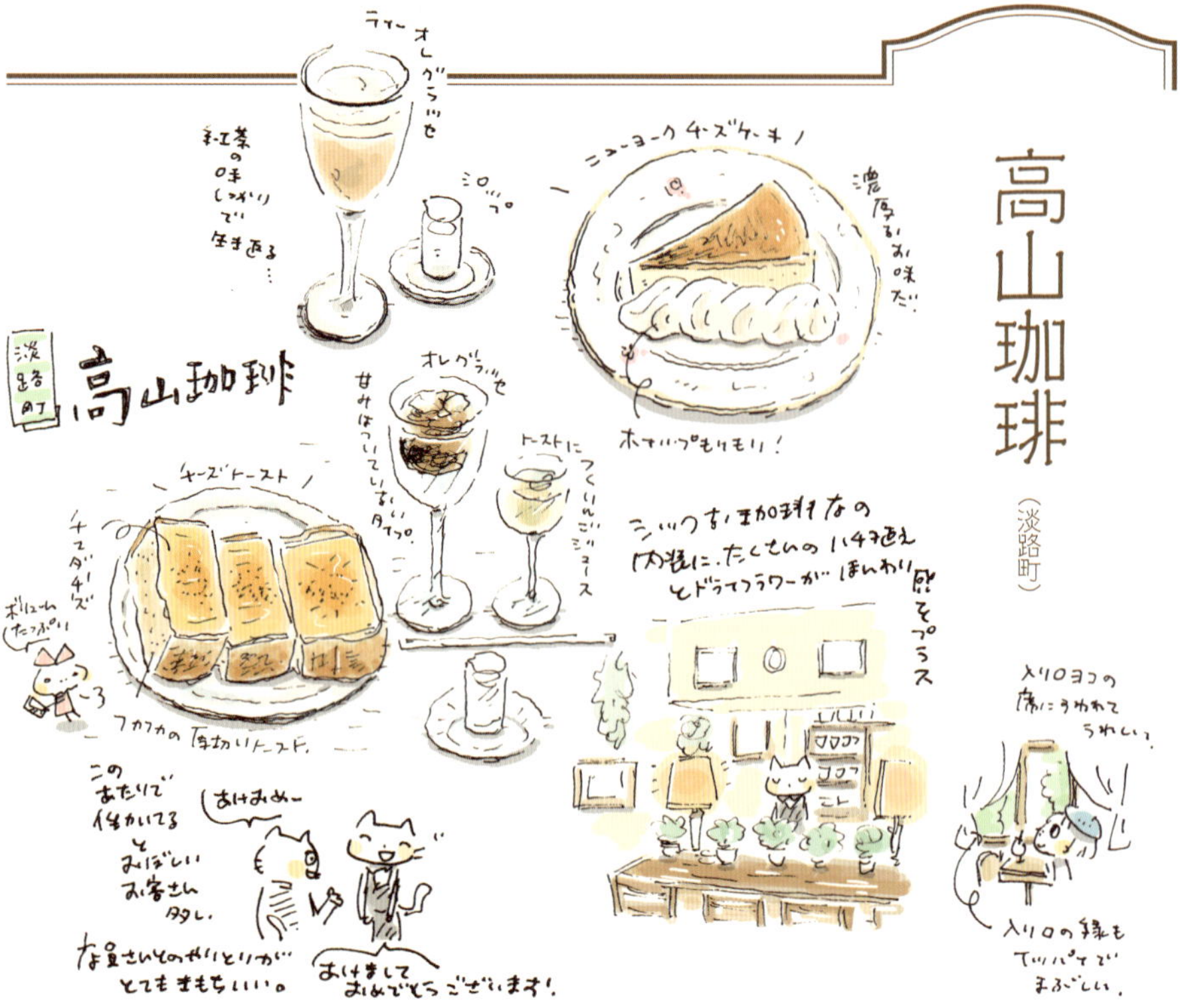

紅茶の味しっかりで生き返る…
ニューヨークチーズケーキ
濃厚なお味だ!
ホイップもりもり!
淡路町
高山珈琲
オレグラッセ
甘みはついていないタイプ。
トーストについてくるりんごジュース
チーズトースト
チェダーチーズ
ボリュームたっぷり
フカフカの厚切りトースト。
シックな珈琲店の内装に、たくさんの植栽とドライフラワーがほんわり感をプラス
入り口ヨコの席にうかれてうれしい。
入り口の緑もいっぱいでまぶしい。
このあたりで働いてるとみられるお客さん多し。
あけおめー
店員さんとのやりとりがとても気持ちいい。
あけましておめでとうございます!

高山珈琲

（淡路町）

珈琲が深く沁みる コントラストが心地よい。

明と暗、渋さとかわいさといった「コントラスト」は、そこで過ごす時間をより深く研ぎ澄ましたものにしてくれる、喫茶店の魅力のひとつ。

この「高山珈琲」はオフィス街にフッと現れる、オアシスのようなお店。木を多く使ったこげ茶色の内装、間接照明、物腰やわらかなチョッキの店員さん。そんなオーセンティックでダンディな雰囲気に、入り口から差し込む光、たくさんの植栽やドライフラワー、レースのカーテンといった、やさしくあたたかな要素が混じりあう……。

オールドビーンズをドリップしたコーヒーに、トーストやサンドイッチはなかなかのボリューム。かわいいりんごジュースが付いてうれしい。

TAKAYAMA COFFEE

東京都千代田区神田須田町1-12

［TEL］
03-3251-7790

［営業時間］
8：00～20：00

［定休日］
土曜／日曜／祝日

［喫煙／禁煙］
喫煙可

MENU

- ・ブレンド各種　500円
- ・オ・レ・グラッセ　600円
- ・ウィンナーコーヒー　550円
- ・トースト・サンドウイッチ（ジュース付き）600円～
- ・ニューヨークチーズケーキ　450円

Column

「ハシゴ」について。

不思議とよく聞かれる「一日何軒喫茶店に行きますか」「一日最大で何軒のお店に行ったことがありますか」というご質問。わたしのこたえは、ほぼ「一日につき一軒」です。

わたしはだいたいランチやおやつ休憩を兼ねての訪問で、飲みものは珈琲か紅茶のたぐいと決めているのもあって、お腹がすぐイッパイになってしまったり、夜寝れなくなってしまったり……などわかりやすい都合なのですが。それを裏返してカッコつけた理由にすると、節制をして研ぎ澄ませることで、その日一回の喫茶店を味わうのに全感性を傾けたいというか……。同じ日に二軒、三軒と通うと、わたしの場合少しぼやけた感じ方になってしまい、もったいなく思うのです。

似た話で、わたしが喫茶店漫画（『カフェイン・ガール』／実業之日本社刊）で自称〝カフェイン中毒者〟の主人公を登場させているために、わたし自身がカフェイン中毒である、という誤解？があったりします。

どちらかというと、その日摂るカフェイン量に限りがあることを考慮に入れたうえで、飲む量をコントロールして、ピークを喫茶店訪問時にもっていきたい、という感じ。なので、家でもあんまり飲まないようにしています（デカフェのものを用意してたりもします）。

喫茶のために用意されたシチュエーション……つまりカフェで、その日のカフェインと向き合いたいな……という考えなのでした。

◆モカ・マタリ (Mocha Matar
貴婦人のような上品な味
コーヒーです
◆ブラジル・サントス (Brazil San
香りが高くほどよい苦味があ
◆キリマンジャロ (Kilimanjar
きわめて酸味が強くコクが
◆マンデリン (

パラ…

第3章

その時間だけのお楽しみを味わう

モーニング／ランチ／夜カフェ

*

喫茶店には時間帯ごとの「顔」があって
それも、味わいのひとつです。
朝昼晩のメニューとともに、ドウゾ。

アカシヤ
（岩本町）

入ってくるなり注文をする常連さんも。
てて!! モーニングBセットや!!
新聞の話題でよくしかける常連さん
センプーキけっこうすずしい
開いてる
はふーん

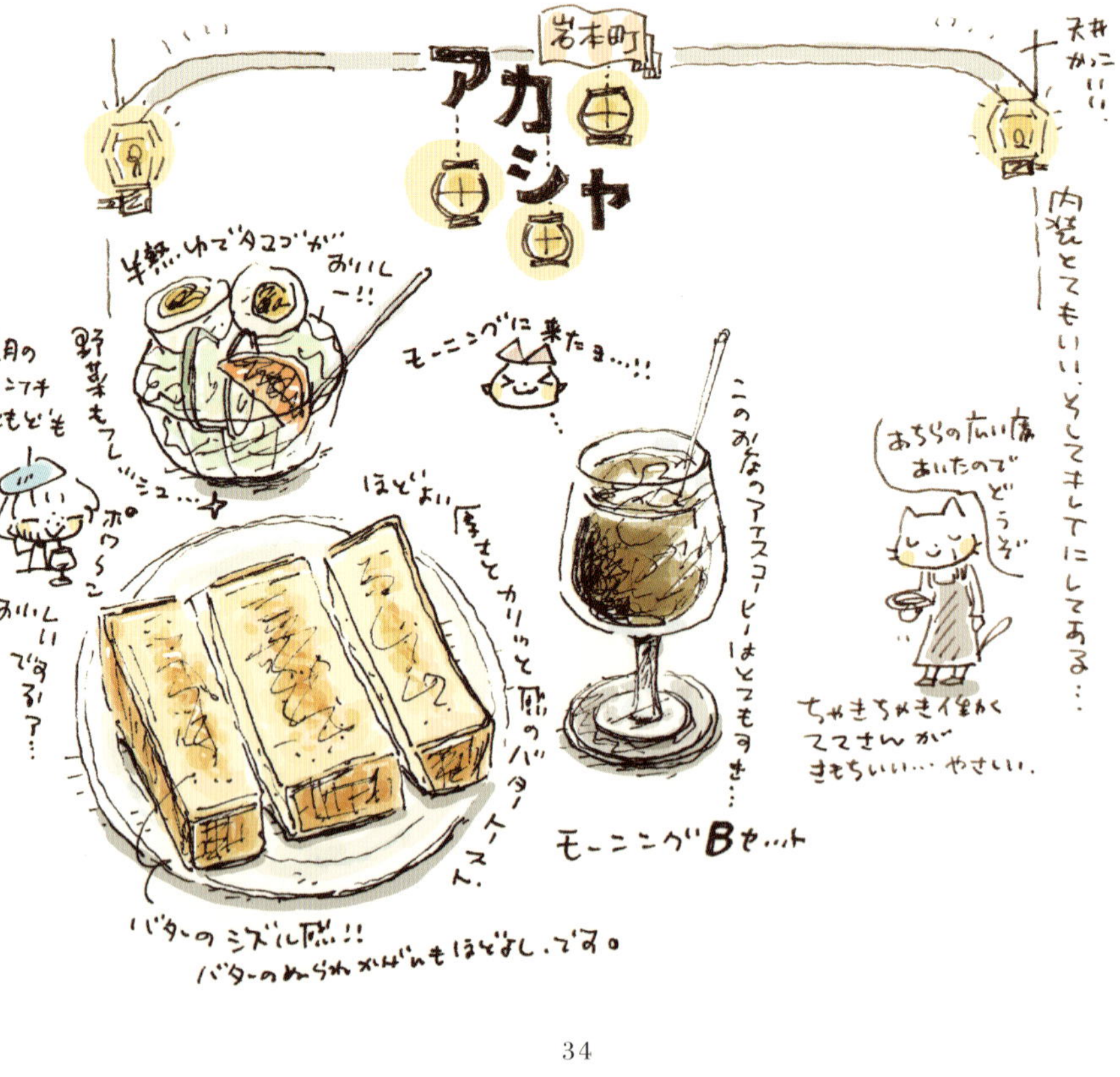
岩本町
アカシヤ
天井かこいい
内装とてもいい。そしてキレイにしてある…
半熟ゆでタマゴがおいしー!!
野菜もフレッシュ…☆
モーニングに来たよ…!!
ほどよい厚さとカリッと感のバタートースト。
あちらの広い席あいたのでどうぞ
モーニングBセット
バターのジズル感!!
バターのぬられかげんもほどよし、です。

朝の喫茶店の魔法。

周辺で働く人たちが朝も昼も夜も寄っていく……そんな〝止まり木〟のような喫茶店。入口側の大きな窓からたっぷりの光が入り、時間帯ごとの表情がしっかり出ることもあり、「その時間ならでは」の喫茶を味わえる空間です。

モーニングセットは、メインにホットドッグかバタートーストを選び、サラダと飲みものがつく王道タイプ。適度なパンの焼き加減やバターの量、野菜のみずみずしさ、半熟のたまご、酸味と塩気がちょうどよいドレッシング、コーヒーのすっきりとした苦さ。まったく奇をてらっていないけれど、素朴なおいしさがつみかさなることで生まれる、身にも心にもリフレッシュ効果が高いモーニングセットなのです。朝の光に包まれて、なかなか浮上しない朝のテンションがゆっくり立ち上がっていきます。

常連さんが多く訪れ、店主さんご夫婦とちょっとした会話をしていくのもまた、良質なBGM、あるいはBGVです。ひたすらさわやかでほほえましい、日常感あふれるやりとり。店員さんもお客さんもみなさん距離感がサッパリとした感じで絶妙で、一見さんであってもスポッと居場所を見つけられるような空気があります。

AKASHIYA

東京都千代田区神田岩本町15-2
北原ビル1階

［TEL］
03-3251-7005

［営業時間］
平日7：00 ～ 19：00
土7：30 ～ 17：00

［定休日］
日曜／祝日

［喫煙／禁煙］
喫煙可

MENU

- ・ブレンドコーヒー　410円
- ・コーヒーフロート　550円
- ・モーニングセット（10：00まで）HOT 460円／ICE 480円

友路有《トゥモロー》

（赤羽）

幸せモーニングセット！
ツナサラダ
ハム
サラダ
モーニングの種類 超ほうふなのだ。
コンソメスープ
アイスティー
ジャム
バタートースト 1/2×2
おにぎりセットや カレーを食べたい…
おいしい
本棚。
（店主さんと常連さんの寄贈だそう）
かべぎわのカウンター席
すみっこ好きとしてはうれしいポジションだ！

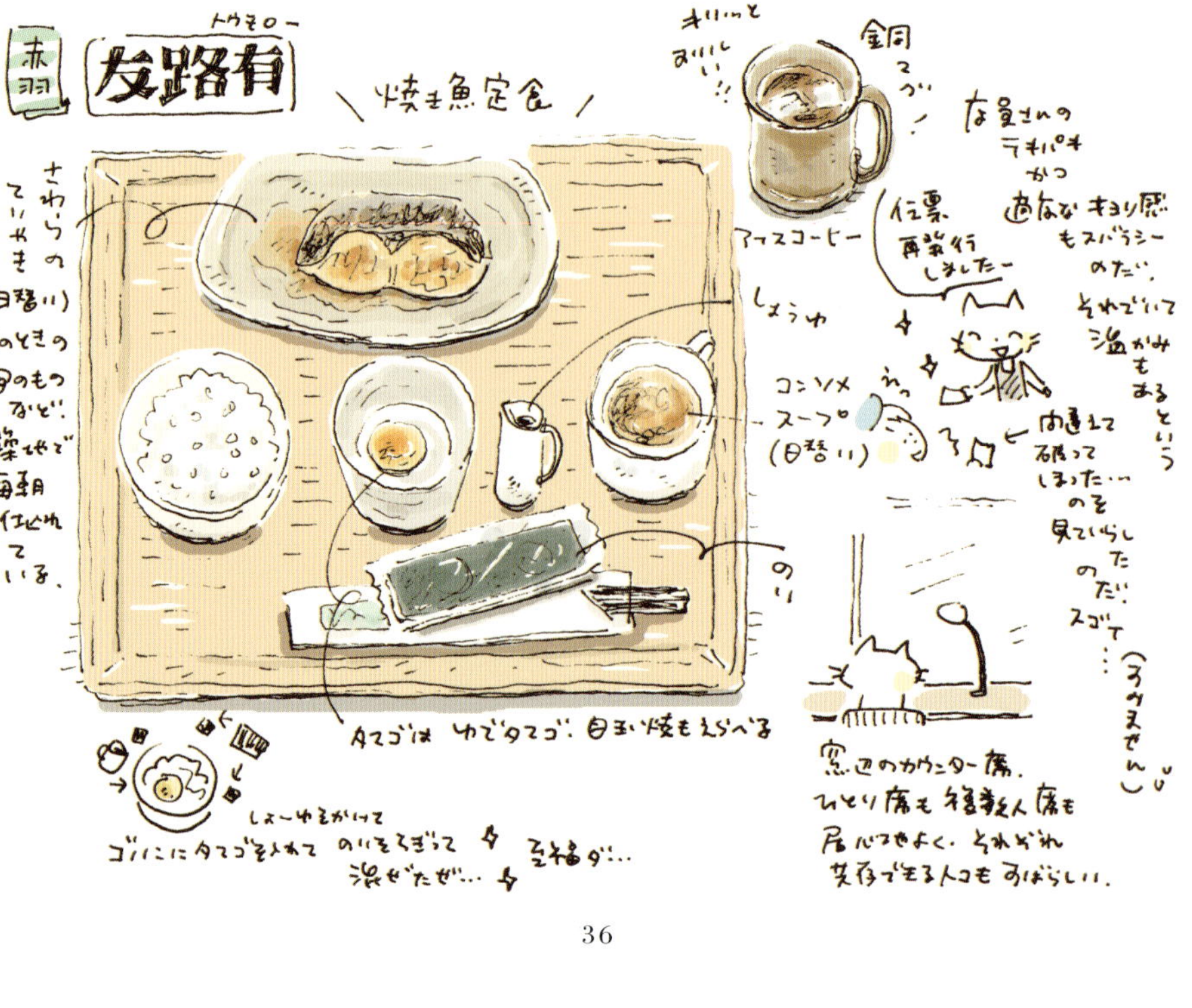
赤羽
友路有《トゥモロー》
焼き魚定食
さわらのてりやき（日替り）
そのときの旬のものなど。築地で毎朝仕入れている。
キリッとおいしい！！
銅マグ！
アイスコーヒー
店員さんのテキパキかつ適度なキョリ感もスバラシーのだ。それでいて温かみもあるという
伝票再発行しました～
しょうゆ
コンソメスープ（日替り）
えっ
間違えて破ってしまった…のを見ていらしたのだ。スゴイ…
のり
タマゴはゆでタマゴ、目玉焼をえらべる
ゴハンにタマゴを入れて しょーゆをかけて のりをちぎって 混ぜたぜ… 至福が…
窓辺のカウンター席。
ひとり席も複数人席も
居心地よく、それぞれ
共存できる人コもすばらしい。

種類豊富な朝食とあふれるサービス精神。

このお店の「焼き魚定食」モーニングは、築地で仕入れた旬の魚を焼いたものがメイン。卵は目玉焼きやゆで卵にもできますが、やはりここはTKG（卵かけごはん）でしょう。そこに、味海苔をちぎってふりかけ、焼き魚と一緒に口に放り込めば、これぞ日本の朝ごはん！　という至高のマリアージュ感が楽しめます。

このほか、5種の具から2種選べるおにぎりとオムレツが付いた「おにぎりセット」や、「ハムエッグモーニング」、トーストやオムレツ、サラダとホテルモーニング的な「幸せモーニングセット」（ネーミングもいい。浅草店限定）など、10種以上のモーニングを選べます。

納豆やおにぎりといったサイドオーダーも充実し、毎朝通っても対応できそう。

つかず離れずを保ちつつも温かな接客、ひとりでも複数人でも心地よく過ごせる工夫ある座席、店内の本を貸し出しする「友路有図書館」やお酒と喫茶店メニューが楽しめる「女子会・オフ会コース」（15時以降）といった革新的サービスなどなど……おもてなし精神満点のお店なのでした。

Tomorrow

東京都北区赤羽1-1-5
大竹ビル2階
www.kissaten.jp

［TEL］
03-3903-5577

［営業時間］
5：30 〜 23：00

［定休日］
なし

［喫煙／禁煙］
喫煙可

MENU

- 友路有ブレンド　470円
- モーニングセット（11:30まで）　470円〜
- ピラフランチ　930円
- 魚ランチ　930円〜
- ハンバーグ&エビフライ　980円

※赤羽に2号店、浅草店、日暮里店もあり

おにぎりセット
モーニング！
ホットコーヒー
みそシル、まかいい
オムレツ
「魚モーニング」てのもある。
サバ おいしいね！！
常連さんぽい
具は数種からえらぶ
おにぎり 2コ
+100円で1つ追加できる
サラダ
それとおにぎりはおまかせでしょっぱめで！！
カスタムが通っぽくてイイ…
朝はお米！！！
おはようございまーす！
あたたかいゴハンとおみそ汁はホッとするよ…
明るい店員さん。
朝のBGMさわやか…

それいゆ

（西荻窪）

西荻窪
それいゆ
何をたべてもオイシイです!!!
アイスコーヒー
苦みとつやっとした味と。スキな味だ〜
ベーコンエッグモーニング
サラダもりもり
バタートースト
ベーコン
目玉焼き、半熟
カレーモーニングもある！
メニュー表に カレーをモーニングにする努力を みたいな
ことが書かれてて、いとしいぞ。
本棚以外にも、
水出しコーヒー器や
花などがほどよく
目線をさえぎってくれて
いる。
本棚で
目かくしに
なる
奥の席
うふふ・・・

甘い甘ーいトーストで一日の活力を。

朝の喫茶店は気持ちを整理するのにぴったりと思っています。軽やかな音楽と午前の陽ざし、一日をスタートしたばかりのお客さんたち。すべて、新鮮な気分をもたらすものですが、モーニングセットは、そんな朝の喫茶店をいろどるいちばんの役者です。

それいゆのモーニングは4種類あります。基本の「厚焼きトーストセット」、ちょっと豪華な「ベーコンエッグトーストセット」、洋食がおいしいこのお店らしい「特製カレーライスセット」。

いちばんお気に入りのモーニングは「練乳ミルクトーストセット」。アーモンドスライスと粉砂糖、練乳がしみこんだバタートーストに、別添えのホイップクリームをディップするというソーソースイートなメニューなのでした。午前中の脳への糖分補給に……！　セットのコーヒーは水出しでコクのある味。紅茶なら、たっぷり3杯分ほど。ぜいたく！

じつはモーニング以外のごはんのどれもおいしくて、いつ行っても、しみじみとした至福のひとときを過ごせます。花や本棚など、あちこちに目隠しになるものがあり、どんな混み具合でも、ひっそり過ごせてうれしい。

モーニング (〜11:30)
練乳ミルクトーストセット
パセリ
コーヒー 紅茶つき
モーニング終了ぎりぎりに入ったので
ゴク…
ナポリタン
ホイップクリームをつけていただく
ランチの方々のゴハンもおいしそうでたまらん…
ナッツと粉砂糖、バターと練乳がかかっている

Soleil

東京都杉並区西荻南3-15-8

［TEL］
03-3332-3005

［営業時間］
10：00 〜 23：00

［定休日］
なし

［喫煙／禁煙］
喫煙可

MENU

・ブレンドコーヒー	450円
・ナッツミルクティ	550円
・モーニングセット	590円〜
・チーズカレー	830円
・オムライス	810円

喫茶「観察」絵日記。

ほのぼのお客さん編

喫茶店は人間交差点。
いろんな営みを観察できて、
ふだんよりもやさしい目線で
それを眺めることができる、
不思議な"場の力"があります。

こんど ごはん 行きましょうよ
カウンター席でマスターをナンパするおばあさま。

無心
目のまえの読書ガール
ポット 2つあるんだけど…
そんなに のんだのね…

コートを肩からはおる文学少女ちゃん。
かわいい。

喫茶店は着物の
お客さんも多い。

カウンター席で書きものをしているキモノのかっこいいおばあさま。

お客さんには神楽坂らしいいでたちのオジサマも
しかも一杯のんでスグ出ていくというイタリア男のような…
コーヒー

お客さんに「アイコス」について
教えてもらう おばあさま
ててさん。
うわー
それ
どうなってる
の？
かわいいい。

おじいさんの
コーヒーゼリー率、
高いです。

カウンター席の
おじいさん
コーヒーゼリー
食べるのね。
すてき。

コーヒースタンドにて
↓肩にもつもつの
猫ちゃん
を
のせてる
お兄さん
！

本の虫に
なってるお客さん
多し。
このお店は以前、
本を読みあげながら
かき氷をたべる
猛者にあったことも…
神保町らしくて
ステキ。

タミヤのTシャツを
着たコワモテの
おじいさまが
スープを飲む姿に
ときめく…
神保町らしくてよい！

「神保町らしさ」
とは。

喫茶「観察」絵日記。

ほのぼの お客さん編

店員さんに遊び方を尋ねてもいたんだけど、店員さんもわかっていなかった。

はじめて「パックマン」をやる若者ズ
わかったこの！青いのを食べるといいんじゃね？
ゲームのテーブル筐体席
熱演にて。

※テーブル筐体
『スペースインベーダー』『ギャラクシアン』などのなつかしゲームが遊べるテーブルで、喫茶店ではそのままテーブルとして使われていた。昔の喫茶店ではあちこちで見かけたものです。

近所の方が小さな赤ちゃんと。
いいな。そういうときにも来れるお店なのだ。

「ながら」もよく見かけるけど、なぜかほほえましいのだ。

本を読みながらカレーを食べるガール
カッコイイぞ

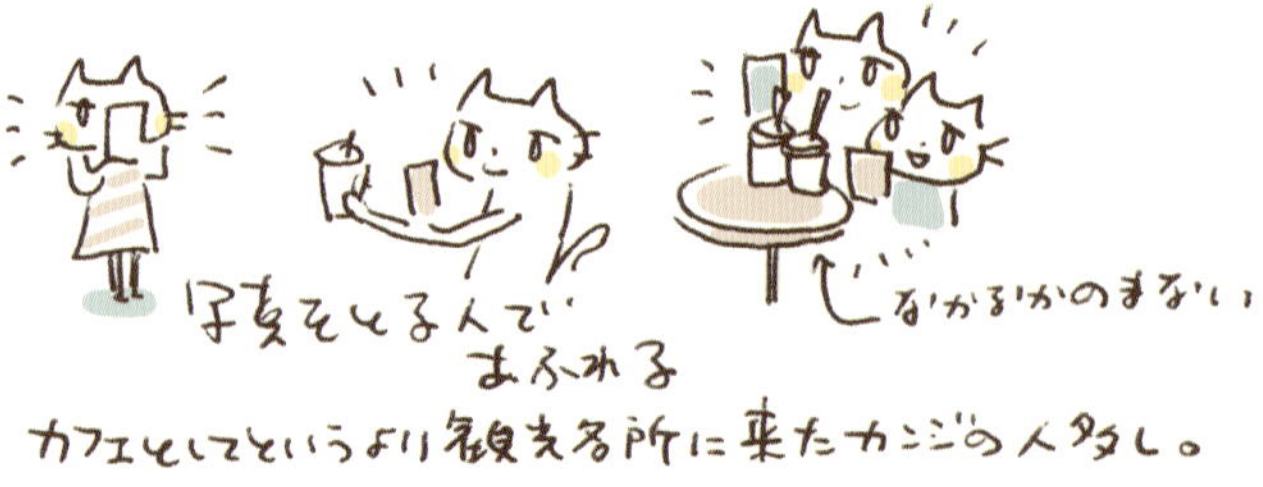
写真をとる人であふれる
なかなかのまない
カフェとしてというより観光名所に来たカンジの人多し。

3人ともアイスティー という ところも 絵的に ステキ!
おばあちゃん 母 娘 …の3世代でガールが 「パンプディング」をつついていてステキ だったので たのんでしまった …
「つられて頼む」現象も、あるある。
コーヒーだけを ストイックに…と 思っていたのに
シフォンケーキを!
けっこう コワモテの オジサマが。
わ、わたしも 追加で シフォンケーキを…
ナナナ…
つられて シフォンケーキを たのむなど…
シフォンケーキ
お店に慣れてる カンジのスーツの お兄さまが
コニャック ショコラください
といってて、なんか良かったので わたしも真似してみたヨ。
すでに 高校野球 だった
タバコをくゆらす OLさんが…!!!
セクシーな像
ほかのお店に行こうと してたところ 入り口の
国会喚問 放映中
というボードで つい…
すごく国会が… 見たかった というより そういうことを 表にかかげてる トコにひかれた のデス。

シルビア（西新井）

ハンバーグ＋ナポリタン
バーグナポリ！
ハンバーグ
フレンチドレッシング
サラダ
大人のお子さまランチ感！
みそ汁つき。
アイスコーヒー
シャンデリア
目玉焼き
ちょっとさっぱりめ。
ナポリタン一人前ある（多め）
ゴハンもつく（タダ）大盛りも無料
まんが置き場も立派！
雑誌置き場
西新井
シルビア
COFFEE & RESTAURANT
新聞やまんがはお客さんが置いていくものなのでいつもあるわけではない…とのこと。
ピカピカにしてある・キレイ。
大理石
ラインなんてなくていいでしょ ガラケーだけで十分よ！
あらスケッチですかー？
ウフフ
おねえさん感にあふれている やさしい…
わたしより若いと思うんだけど ついていきたいおねえさん感に満ちている…
テーブルの下でコソコソかいてた

COFFEE&
RESTAURANT
Silvia

絢爛豪華な空間でいただく ボリュームごはん。

「バーグナポリ」はハンバーグとナポリタン、目玉焼きという、〝大人のお子様ランチ〟的プレート。さらにライス（すでにナポリタンという炭水化物があるのに！）とお味噌汁も無料でつけられる、腹ペコさんにうれしい仕様。このほかにも、ちゃんぽん麺やカツ丼など、すこぶるボリューミーなごはんメニューが多いのが魅力です。

ゴージャスな内装のホールのような大箱空間では、新聞やまんがの棚があったり、地元感あふれる人々がひたすら日常会話を繰り広げていたり……という、大衆感ある風情でとっても落ち着けます。大らかな雰囲気のなか、食事をしても、喫茶だけでもよしで、のーびのび。

東京都足立区西新井栄町2-7-5 2階

［TEL］
03-3840-6111

［営業時間］
8：00～20：00
（ラストオーダーは閉店30分前）

［定休日］
不定休

［喫煙／禁煙］
分煙

MENU

・ブレンド　460円
・昆布茶　460円
・バーグナポリ（サラダ、味噌汁付き）　1030円
・シルビア弁当　1030円
・天ざる弁当（そばorうどん）　1030円

※梅島店もあり

喫茶 YOU
（東銀座）

由緒正しい「洋食」の血を引くオムライス。

巷の洋食メニューは「B級のよさ」がアドバンテージになっていることが多く、かくなるわたしはそういうキャッチーな味の洋食も大好き。ですが、このお店のオムライスは、古くから洋食が食べられていた銀座らしさを感じる、上品でレストランのような味。

ふるふるトロトロのオムレツは生クリームが効き、ケチャップライスはマーガリンの風味で、どこまでもやさしく上品。上品さのなかに、ライスのケチャップ味やパラパラの食感が顔を出して後を引く！

きびきびと気持ちよく働く店員さんたちの様子は洗練されてさわやかで、混んでいる時間でも、ほっとリラックスできる空気があります。

東銀座
you
ユー
若い人たちもイッパイ。
グラスのかたちもセクシー！
しっかり苦くてオイシイ
さいしょから甘みつき。
店員さんも洗練されたかんじだ
カッコイイぞ…
ケチャップ
オムライス。
ふくじんづけも
うぅ…!!!
至福だ!!
マーガリン、生クリーム感もオイシイ…
オムレツ部分はフワッフワ
ライスはパラパラで
食感のギャップがうまし。

you

東京都中央区銀座4-13-17
高野ビル1階／2階

［TEL］
03-6226-0482

［営業時間］
11：00（食事は11：30）～21：00
（ラストオーダーは閉店1時間前）
※閉店時間は早まる可能性あり

［定休日］
年末年始

［喫煙／禁煙］
喫煙可

MENU

・珈琲	500円
・紅茶	500円
・カプチーノ	650円
・オムライス（ドリンク付き）	1300円
（ランチタイムは1100円）	

※ランチタイム11:30～15:00

新橋 北欧
ノーマルはサンドイッチ×4の
ハーフホットサンド！
ポテサラ
アイスカフェオレ
+350円で好きなドリンクをたのめる。
サラダ
ヨーグルトソースがけ。
うす暗くておちつくぜ
4種から選べる
いつもたのんでしまう
コンビーフ&ポテト…
断面。
ジューシー!!
コンビーフポテト
ぎっしりキャベツ
「ハーフ」サイズでも
けっこうなボリューム！
どっしりした木のハリ多用
アメ色になったいいカベがよい感じ

銀座 北欧
（新橋）

HOKUO

東京都中央区銀座8-7
銀座ナイン2号館1階

［TEL］
03-3572-5526

［営業時間］
平日9：00～23：00
土／日／祝11：00～20：00

［定休日］
第3日曜
※12月は無休

［喫煙／禁煙］
喫煙可

MENU
・北欧ブレンド　600円
・北欧ブレンドティー　600円
・ティー・オ・レ　650円
・グリルサンドウィッチセット（ドリンク付き）　1000円
・コーヒーゼリーフロート　750円

ホットサンドの断面に、クラクラ。

ホットサンドはその「断面」に魅力が宿っていると思います。

4種ある中から、わたしはどうしても「コンビーフとポテト」の組み合わせばかり頼んでしまう。みっちり詰まった千切りキャベツとたっぷりコンビーフ、ほくほくポテト……と断面のシズル感がダイナミックでセクシー、強烈にソソります。ハーフサイズ（2個、ノーマルは4個）でも十分ボリュームたっぷりです。

ウッディで格調のある珈琲店らしい内観ですが、客層は「ザ・新橋」なコントラストあるお店。シックと大衆的な雰囲気とが適度に混じりあった空気がとてもくつろげてイイのです。

茶店×洋食

ORihon《オリホン》（神楽坂）

揚げ物のおいしさひしめくランチプレート。

神楽坂と江戸川橋のあいだのこの地域は、「奥神楽坂」と呼ぶそうです。そんな奥神楽坂に2017年にオープンしたこのお店は、「食堂」と「喫茶店」との両方を謳う、なつかしい雰囲気をただよわせる空間。

「本日のランチ」は日替わりでメンチカツやハムカツ、イカフライなどのミックスフライ的な揚げ物や、お肉のソテー、サラダが盛り合わされ、そのビジュアルに多幸感をおぼえます。食堂ならではの、「心を込めてつくった感」をしみじみと味わっていくような、良心的なお味。あるとき、近くの席の方が「こんなにご飯食べてる！っていうご飯は久しぶり！」と言っていたのが印象的。

ORihon

東京都新宿区中里町26
熊木ビル1階
facebook.com/orihonclub

［TEL］
03-6280-8821

［営業時間］
月～木11：30～19：00
金11：30～23：00
日／祝9：00～18：00

［定休日］
土曜

［喫煙／禁煙］
禁煙

MENU

・オリジナルブレンド珈琲 370円
・カフェラッテ 460円
・本日のランチ 860円
・季節のくだもののアメリカンショートケイク 510円

喫茶店カレーを食べよう。

喫茶店界で独自進化を遂げがちなメニューのひとつに「カレー」があると思います。コーヒー紅茶ともマッチする味で、カフェインの陶酔感を加速。ゴハン屋さんとは違った、落ち着いた空間でひそかにいただくヨロコビもスパイスです。さまざまな味わいの喫茶店カレーたちを集めてみました。

1. レモンの木

甘辛のバランスがちょうどよく、福神漬けとの相性も抜群な、パクパク食べ進んでしまう“ザ・ジャパニーズカレー”。「たまごカレー」の卵は「生」を選んでも「ゆで」を選んでも、どちらもおいしい。まんががたくさん置かれた「街の喫茶店」的な風情も居心地よしなのです。

東京都杉並区浜田山3-35-38 ハイタウン1階
［TEL］03-3316-6753
［営業時間］月／木／金10:00 ～ 16:00
日／祝10：00 ～ 18：00 ［定休日］火曜／水曜／土曜

福神づけがバッチリ合うやさしい味の喫茶なカレー!!
セットのアイスティー／コーヒーも選べるヨ。
ほどよいピリ辛さ。
COFFEE HOUSE
Lemon
レモンの木
浜田山
まんががいっぱいあるのもなつかしいカンジ
雑誌。

2. Flor de Café 樹の花

野菜たっぷりでさらさらとしたエスニック風カレーにシナモントーストを付けたセットがお気に入り。カレーのスパイスとシナモンとの相乗効果でスプーンが止まらない！ 都会の真ん中にありながら、木がたっぷり使われた空間に、窓からの街路樹など、高原の喫茶店のようなムード。

東京都中央区銀座4-13-1 ［TEL］03-3543-5280
［営業時間］月～水10:30 ～ 20:00 木／金10:30 ～ 23:00 土／祝12:00 ～ 23:00 ［定休日］日曜

東銀座
樹の花
Flor de Café
シナモン
ハチミツ
「追いシナモン」できるゾ!
シナモントーストと豆カレーのセット。
さっぱりいただける。
カラフルでおいしくて。
ステキな組合せ…

3. 黒猫茶房

「チキンカレー」は煮込まれた野菜とスパイスが調和してじんわりおいしく、チキンもやわらか。珈琲専門店としての顔もあり、オールドビーンズをネルドリップしたコーヒーはツヤのある味。ほか、アレンジコーヒーや紅茶などのドリンクもいろいろ。昭和の風情の商店街にたたずむかわいいお店。

東京都杉並区阿佐谷北2-4-2
kuronekosabou.com ［TEL］03-3337-7202
［営業時間］11:30 ～ 22:00 ［定休日］月曜

ごはん少なめ。
サラダつき
ゆでタマゴ
パスタ。
チキンカレー!!
Café
黒猫茶房
阿佐ケ谷
ゴロゴロたくさんお肉が入っている!
濃厚で夏に効きそう。
オレグラッセ!
ドリンクとカレーのsetでドリンク250円引き。
ランチはコーヒーのみ。

4. カフェ ハイチ

創業1974年の老舗。名物の「ドライカレー」はキーマタイプ。甘さと辛さと塩気のバランスがほどよく、一気に食べてしまう、やみつき感ある味。福神漬けともコーヒーともぴったりな喫茶店カレーなのです。温玉などのトッピングや、欧風カレーなどの選択肢も楽しめます。コーヒーはブランデー添え。

東京都中野区中野3-15-8 マンション増田103
www.cafehaiti.co.jp ［TEL］03-6454-1512
［営業時間］月～水10:00～19:00　木～日10:00～22:00
［定休日］年末年始 ※中野本店のほか新宿に2店舗あり

5. ロージナ茶房

「ザイカレー」はメニュー表でも注意喚起されているように、かなり辛いのですが、驚くべき酸味、ほろほろ溶けた牛肉からの甘味やうまみが混じりあって、一度食べればまたいつか食べたくなる中毒性あり。カレー以外のメニューも充実し、どれも大盛りかつ王道の味で、学生街の喫茶店らしい。

東京都国立市中1-9-42
［TEL］042-575-4074　［営業時間］9:00～22:45
［定休日］元旦

6. ヒナタ屋

スパイスや玉ねぎなどが煮込まれた味がハフハフおいしい、エスニック風カレー。明大通りに面したビルの4階、すばらしく見晴らしのいい空間で、スパイスを摂取する爽快感は、まるでスポーツのよう。カレー、コーヒー、読書空間と神保町の「3種の神器」が一堂に会す。

東京都千代田区神田小川町3-10　振天堂ビル4階
hinata-ya.info ［TEL］03-5848-7520
［営業時間］月／火／土11:30～15:30
水／木／金 11:30～20:30 ［定休日］日／祝

ケイトコーヒー
（下北沢）

くだいたコーヒー豆
ホイップ
ストローはトリコロールカラー
コーヒーシェイク。
コーヒーとバニラアイスのシェイク
先がさじになってる。
コーヒーゼリー
コーヒーゼリーストローで吸うかと思った。吸えなくもないけど！
kate coffee
下北沢
ほんのりした照明とBGMがいいやい…
期間限定 ティラミスパフェ
バニラアイス
ロータスビスケット
コーヒーゼリー
コーヒーシャーベット
クリームはクリームチーズ!!
バナナ
フレーク
アッサムティー
全体に甘すぎず酸味がきいてオトナの味。
夕方だったのでキャンドルムーディ。
場所によって本のジャンルがちがう
本棚。目線の高さにあってヒョイと手に取りやすい
会社の帰りとかに来たい…そういう気分ですごせばいいのか。
奥のソファ席ははじめて。

白くメロウな空間で、夜のリセットタイムを。

「いい意味」で下北沢らしくない、白く明るくスタイリッシュな空間。最初はブックカフェとしてお店を知ったのですが、本棚はさりげなくて、あくまでカフェ空間の一部としてひそかに溶け込んでいる。小説や評論集、哲学の本、絵本やまんがなどの本が並び、お茶をしながら、自然に手に取りたくなる絶妙な配置。まるで本であふれる友人の部屋に遊びに行ったかのような。

24時まであいているというのも、このかわいくてやさしい空間の意外なところ。個人的には、食事のあと……ではなくて、仕事終わりのタイミングでフッと寄って、オンからオフへとスイッチを切り替えるのに使いたい。

一見シンプルに見えるメニュー表では、シェイクやパフェのようなかわいいもの、定食やカレーなどのしっかりめごはん、おつまみやカクテルなどのお酒……と幅広い過ごし方をひかえめに提案しています。本棚や入口の看板同様の、マイペースさと知的な余裕がのぞきます。

昼喫茶でも夜喫茶でも、食事でも喫茶でもお酒でも、ひとりでもふたりでもくつろげる、包容力ある大人の空間。

kate coffee

東京都世田谷区北沢 2-7-11
コージー下北沢2階
www.katecoffee.jp

[TEL]
03-5454-5436

[営業時間]
10:00 〜 24:00

[定休日]
月曜
※祝日の場合は翌日火曜

[喫煙/禁煙]
喫煙可

MENU

・コーヒー	450円
・キーマカレー（ミニサラダ付き）	900円
・白玉きなこパフェ	600円
・ビール	650円〜
・カクテル	700円

ジャックカフェ イースト&ウエスト

（日本大通り）

JACK CAFE
ジャック カフェ
日本大通り
スツールとテーブルのかんじも ザ・ダイナー！
大さん橋の入り口なので往来を眺めるのもよいかんじ。
マスタードとケチャップ
ハンバーガーをたのむとでてくる
ドーン!!
たっぷりかける！
高さ25cmぐらいある。
コーヒーにスプーンが入って出てくるのもワイルド！
ラフでよい。
定期的に食べたくなる味なのだ…
野菜は自分ではさんで…
マヨネーズ
ハンバーガーハーフ
ハーフでも十分大きい
生のタマネギもおいしいのだ。
肉々しいハンバーグ！
ソースの味などはなくそのまま肉の味！
バゲットのトースト

6分でくみたてる方式だよ。
パクー

横浜の洗練と抜け感を味わうダイナー。

横浜の観光名所といえばいろいろありますが、わたしは大さん橋の周辺がとても好きで。ビーチサイドのようなお店がさりげなく並び（ビーチがあるわけではないのに！）、お店の方もお客さんも、横浜らしいカジュアルなこなれ感。古い建物が立ち並ぶ街並みに、ちょっとしたネオンがかがやき、スチームパンクな雰囲気も感じる。

「ハンバーガー」は一般的なバンズではなく、バケットのようなフカフカの自家製パンをトーストしたものに、ソースなどの味がついていない、お肉の味をしみじみ、じゅわっと味わえるパティを自分ではさむスタイル。ケチャップやマスタードのボトルが巨大なのもまた、メリケンな気分。かぶりつけば、肉汁やケチャップ類が、あふれるあふれる。きれいに食べることがなかなかむずかしいことも含めて、おいしさの一部なのです。

夜中までやっているので、夜のドライブの折に、フラリと寄ってみてもロマンチック。お店の正面の交差点には、お客さんご自慢の外国製のバイクが集まり、ダイナーにバイカーさんたちが集う光景もまた、旅気分と不思議な異国情緒を醸しています。

Jack-Cafe east&west

神奈川県横浜市中区
海岸通1-1

［TEL］
045-664-0822

［営業時間］
11：30～翌3：00
（ラストオーダーは閉店1時間前）

［定休日］
なし

［喫煙／禁煙］
喫煙可

MENU

・コーヒー	460円
・カフェ・ラテ	490円
・ペプシ	390円
・カクテル	760円～
・ハンバーガー・レギュラー	昼1320円／夜1390円

旅の途中のような
SA的フンイキが好きな
ダイナー。
バイクのりの人たちが多くつどう。

名曲・珈琲 麦
（本郷三丁目）

本郷三丁目
麦
キユーブチーズ
オードブル
サラミ
クラッカー
赤ワイン
今日もイブニングセット!!
ポワ〜ン
キャー
仕事にならん!!
↑ダメな人…
チョリソー コーン ピーマン パプリカ など
サラダ
プチプチおいしい。
メキシカンジャンバラヤ
今日は前と変えようと思ってたのにやっぱりこちらに…
紙ナプキンにくるまれたスプーン
スプーンだけでサラダまでいただく そんなんでもよし。
イブニングセット (16じ〜)
赤or白ワイン＋オードブル ＋メイン＋のみもの ＝1000円!!
バニラ
(アイスクリーム)
コーヒー 紅茶 ミルク または コレ。
ほんとはフルーツがのるところをナシにしていただきました。
おきにいりのハシッコのカベに向かったひとり席!!
ひとりになれる〜
名曲喫茶だからこういう席があるということかな…

モーニングならぬ「イブニング」で、酔う。

16時からの「イブニングセット」がとにかく最高。ワインが付いてくるのです。飲酒にはちょっと早めの夕方に注文できるところも、背徳感があってひそかに盛り上がるポイント。

ワインにオードブル、食事メニュー1品と食後のドリンク（アイスクリームも選べる！）という心躍る組み合わせ。食事は「ジャンバラヤ」がお気に入りです。金属のお皿やカップで出てくるメニューの姿もレトロうつくしく、陶酔要素。壁に向かったひとり席で、ぽわわんと恍惚の境地へ……。

「名曲喫茶」ですが、決して敷居は高くなく、みなさん声を落として上品にお話されていて心地よい。客層も学生街らしい幅広さとノーブルさです。

Mugi

東京都文京区本郷2-39-5 B1階

［TEL］
03-3811-6315

［営業時間］
平日7：00～20：00
土／日／祝7：00～19：00

［定休日］
年始

［喫煙／禁煙］
喫煙可

MENU

・コーヒー	300円
・カフェオレ	400円
・メキシカンジャンバラヤ	600円
・イブニングセット	1000円
・ワイン	400円

＊イラストグラビア＊

「メニューにあったら頼みたい」もの。

喫茶店メニューはいろいろあれど、「これがあれば必ず頼む」という定番は人それぞれなのではないでしょうか。ここでは、わたしの偏愛するメニューたちを、絵本風イラストとともにご紹介します。

二層の珈琲メニュー

珈琲色とミルク色のツートーンのメニューが好きです。かわいすぎない二色なのに、喫茶空間ではなぜかキュートに映る不思議。

ワイングラスだったり
カクテルグラスだったり。
氷なしでストローなしタイプがいちばん好みです

＊オレグラッセ＊

アイスのカフェオレのことで、オーセンティックな珈琲店でこのメニュー名のこと多し。コーヒーとミルクの二層になっていることが多く（混ざっている場合もあります）、ミルクに甘みがついているため、比重で混ざり合わないようになっている。大人の飲みものの風情が飴色空間に映えて、うっとり。

珈琲豆が浮かんでいることもあり。

＊琥珀の女王＊

こちらはコーヒーにクリームがのったもの。銀座「カフェ・ド・ランブル」発祥なのでこの名前がついた（「ランブル」＝「琥珀」）。「ブラン・エ・ノワール」など、ほかのメニュー名のことも多い。コーヒーが濃厚なので、こちらもお酒のようにちびちびといただくことになるのがときめきポイント。

フワッ…
クリームと珈琲のさかいめあたりの
グラデーションもうつくしい。

＊アイスウインナーコーヒー＊

ウインナーコーヒーと言えばホット、なのでしょうが、アイスがあるとつい頼んでしまう。アイスコーヒーのきりり感と、クリームのフワッとした質感にコントラストを感じて、より涼しげ。クリームとコーヒーの境界線あたりの混じっていくようすもとてもきれいで好きです。

トースト

喫茶店ではしっかりめゴハンよりも、トーストくらいの軽食を頼みがち。

＊チーズトースト＊

シナモントーストよりも食事寄りなトースト。ハムトーストやピザトーストだとちょっぴり重たく感じることもあり。好きなタイプは、黒コショウがふりかけられたもの。おつまみのようでもあり、テンションが上がります。

黒コショウのかかったオツマミ的タイプがすき

甘すぎない「喫茶ならしさ」バツグンのメニュー
おさとうが…ザラザラ…としてるとなお イイ感じ…

＊シナモントースト＊

「甘いもの」と「軽食」の中間のような風情がとても愛しいメニュー。ケーキをお昼にするのはちょっと…でも、シナモントーストならゴハン扱いしちゃってもいいかも、カフェインにもあうし！　…という。

喫茶洋食

しっかり食べるなら、スプーンでパクパクいけちゃうメニュー。

＊チキンライス＊

ナポリタンよりもチキンライス派…なのは、食べるとき、服にはねてしまうことを怖がらなくていいから、だったりします（笑）。が、そんなにいつもメニューに存在するわけではない「レアキャラ」なところも、あるとうれしい理由。ごろごろプチプチ、食感の楽しさが好き。

グリンピース・チキン・コーンなど食感のたのしみも…
金属のお皿にのってると色気倍増…

タマゴがのっているとうれしい。
生でも目玉焼きでも温玉でも…
ふくじんづけが赤いカレーこそ至高！
具はゴロゴロめがスキ。

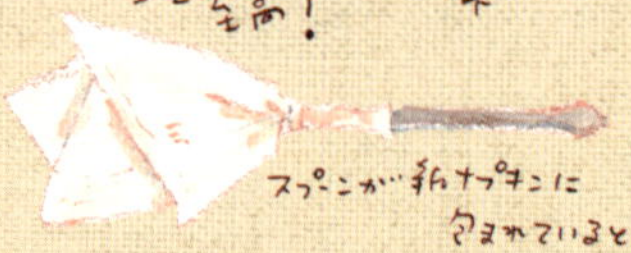

スプーンが紙ナプキンに包まれているとトキメク！

＊カレー＊

お店ごとの個性が豊かで、あると頼みたくなってしまう食事メニューナンバーワン。ちょっとした中毒性を感じるところが、コーヒー紅茶や喫茶空間とも好相性。スプーンで、福神漬けとルーとライスとを、まとめてかきこみたい。

デザート

派手過ぎない、
ちょっとストイックめの
デザートがお好み。

プリンの4カーム
ポイントは
「カラメルの
海」
なのであります

＊プリン＊

派手なフルーツもりもりのデザートがあまり得意でないこともあり、プリンは子どものころから身近なおやつ。裾野にカラメルの海が広がっているようすが好き！

宝石のようですよね。
「段階をたのしむ」デザート
とてもスバラシイ

＊コーヒーゼリー＊

硬派なお店でも、デザートとして、コーヒーゼリーだけは用意されていることも多く、コワモテな店主さんがちらりと垣間見せるお茶目さ、みたいな存在。「①混ぜずに」「②食べる分だけ混ぜながら」「③最後は一緒くたに混ぜて」という、段階を楽しめるところも魅力のデザート。コーヒーとミルクのツートーンのメニューの仲間でもあります。

マーブルだったりするとすごくうれしい…

＊シフォンケーキ＊

渋めの珈琲店のケーキと言えば「チーズケーキ」「チョコレートケーキ（ガトーショコラ）」そして、このシフォンケーキ、かなと思います。用意されているものはプレーンのことが多いですが、マーブルだったりすると、すごくうれしい。

Column

お店紹介の作法。

近年、SNSなどで、味やビジュアルなどを大げさに煽るような、お店やメニューの紹介文をよく見かけます。だれでもなんでも発信できることは魅力的ですし、見ていて楽しい。わたしも、ほかの方がどんな楽しみ方をしてるのか、のぞきたい気持ちもある。

喫茶店の多くが、個人経営店、またはそれに準じるような業態で運営されています。シニアの店主さんがひとりで切り盛りされていることも多い。または、店内の広さに限りがあったり、一度に同じメニューをたくさん用意できる準備がなかったりします。

「バズる」ことによって、お店の繁盛につながることも大いにあると思います。ですが、いくつかのお店では、バズった結果、悲鳴をあげている（具体的にはそのメニューを休止する、など）のを見かけたこともあります。個人的に、つねに行列ができてしまっているのは、喫茶店という「ゆるくくつろげる」場所には似合わないのでは……とも、思ったり。

そのお店にとってそれは望ましいことなのか、紹介した後でどういうことが起こるのか……といった想像力を、少しだけ、働かせてみてほしいな、と思っています。

わたしはなるべく、淡々と通い、淡々とした紹介につとめています。大げさな言葉を使わなくても、好きなところ、よかったところをシンプルに語ることで十分と考えているので。

第4章

甘いものとカフェインは とびきりのパートナー 喫茶店デザートを求めて

*

喫茶店は「コントラスト」の魅力ある場所。
甘くかわいいだけではなくて、渋くてちょっと暗くて味わいがある。
交互に味わって引き立てあう、よさ。
コーヒー紅茶と甘いものとの関係もまた、似たものを感じます。

ノイエ（下北沢）

Lemon
Neue ノイエ
下北沢
ワインとパフェの店！
ロゴは るくて 手描きの文字のみ。
しょうがのマカロン
レモンアイス
クッキーは少し塩気がある
レモンのクリーム
マスカルポーネ
白ワインのゼリー
ロゼのスパークリングワイン
レモンのパフェ。
店の方のさりげないカンジもいいです…
ワインやデザートの説明をしてくださる。
僕はプリンがいちばん好きです
メニュー
…とのこと。
店主さん。
ひとりで飲みに来てる女のコ オシャレでカッコ… TT.
ワイン

大人の夜のひそやかなカフェタイムに。

夜だけひっそりと営まれているカフェ。パフェを中心としてプリン、焼き菓子などのデザートと、ワイン、コーヒーや紅茶もあります。

パフェはどれも「かわいい」と「うつくしい」で言えばうつくしい寄りの端正なルックス。層を食べ進むごとの大人っぽい味のハーモニーが絶妙です。ワインのジュレであったり、フルーツのリキュール漬けなどのアルコールがワンポイントになっていることが多く、店主さんいわく「お酒を飲むようにパフェを楽しんでほしい」という意図もあるそう。お酒のかわりにパフェで夜の時間を過ごすなんて、なんともおしゃれ！

もうひとつのウリであるワインは、ざっくりとした好みのイメージを伝えれば選んでいただけるので、くわしくなくてもOK。大きなプリンも名物で、子どものころ夢みた「ひとりじめサイズ」を堪能できます。ワインとパフェ、またはワインとプリンとのマリアージュをドウゾ。

ひかえめな店主さんが、メニューの説明時には饒舌になる感じ、手描きメニューの雰囲気や熱量などのギャップもまた、このカフェの味わいのひとつです。

Neue

東京都世田谷区北沢2-7-3
ハイツ北沢1階

［TEL］
03-6407-1816

［営業時間］
木～土18：00～22：00LO
日／月15：00～19：00LO
※いずれも売り切れ次第終了

［定休日］
火曜／水曜

［喫煙／禁煙］
禁煙

MENU

・コーヒー	600円
・季節のパフェ	1500円
・グラスワイン	800円
・スガワラノプリン	800円

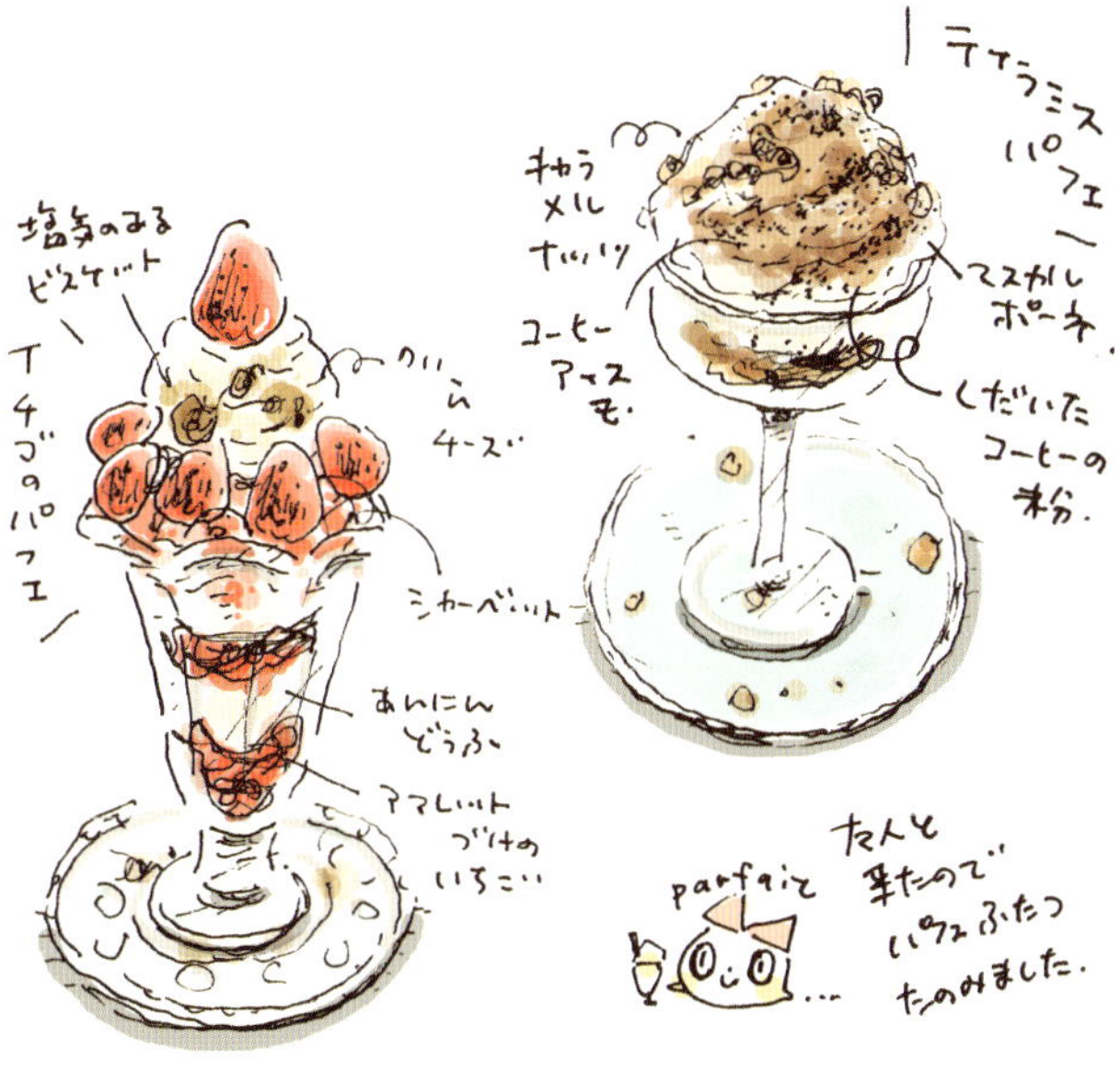

ホットケーキ
つるばみ舎
（経堂）

経堂
HOTCAKE
つるばみ舎
TSURUBAMISHA
いつもは1枚にしちゃうけど 週末なので…
ホットケーキ×2枚 ← 1〜4枚以上 など
どんぐりモチーフの「舎」の焼印
メープルシロップ
アイスオレ
トッピングがいろいろあると欲張ってしまう
ホイップ
やわらかくてスグとける
甘い系のトッピング。
ソーセージ2本
オレンジ
あんこ
シロップをかけずとも甘みがついているので
ひとりで来る人も
男性のお客さんも
けっこう多い。
どっしりテーブルなので
カウンターもおちついてすごせます

HOTCAKE Tsurubamisha

東京都世田谷区宮坂3-9-4
アルカディア経堂1F東側
tsurubamisha.hatenablog.com

[TEL]
03-6413-1487

[営業時間]
平日11：00～19：00
土／日／祝11：00～18：00
※モーニング9：00～なくなり次第終了

[定休日]
水曜

[喫煙／禁煙]
禁煙

MENU

- ブレンドコーヒー 450円
- アールグレイ 450円
- 関東栃木レモン牛乳 350円
- ホットケーキ2枚 620円（枚数やトッピングで価格が変わる）
- フルーツミニパンケーキ 700円

正統派ホットケーキを楽しめるカフェ。

「つるばみ」というのは「どんぐり」の古い呼び名で、店内のあちこちにどんぐりのモチーフを見つけることができます。

子ども部屋のような、やわらかなメルヘンを感じる空間は、どっしりとした木のテーブルで、どの席でも落ち着いて過ごすことができます。店内の照明はほんのり暖色で、ホットケーキの小麦色の姿がいっそう映える。

ホットケーキは表面にカラメル的なカリカリ感があり、中はふわっ。分厚すぎず、健康的な厚み。なつかしく素朴な甘さ。かつて池波正太郎も愛した老舗「万惣」の系譜とのこと。枚数やトッピングをいろいろと楽しめるのも良心的でうれしい。

こぐま屋珈琲店

（府中本町）

珈琲色とカフェオレ色のひんやり。

コーヒーゼリーは喫茶店デザートのテッパン。甘さと苦さの共存であったり、白と珈琲色のツートーンのコントラストであったりが魅力です。「こぐま屋珈琲店」の「珈琲ゼリーパフェ」は、名物の珈琲ソフトクリームと珈琲ゼリーとがくみあわさったデザート。ベージュと珈琲色のおさえた色調がうつくしく、てっぺんの小さな熊のカカオクッキーもキュート！　小さめなので、お腹も冷えすぎず最後までしあわせにいただけます。

リノベーションされた渋い建物にどっしり構えた焙煎機。それに対して、キュートなメニューや食器、木のやさしい雰囲気など、パフェ同様にビター&スイートな対比がチャーミングなお店です。

府中本町
こぐま屋珈琲店
珈琲ゼリーパフェ
カカオ味。くまの形のクッキーかわいい!!
コーヒーソフトクリーム
コーンフレーク
コーヒーゼリーやさしい味。
セットのカフェラテ。
つぼみたいな形がかわいいカップ。
トレイにもさじにもくまの絵が入っててかわいい…
周辺には寺社や図書館などあり…
散策ついでに…
緑いっぱいでいい環境デス。

KOGUMAYA

東京都府中市本町1-1-18
kogumaya.info

［TEL］
042-306-8580

［営業時間］
11：30～22：00
日／祝12：00～18：00
（ラストオーダーは閉店30分前）

［定休日］
火曜／第1第3月曜

［喫煙／禁煙］
禁煙

MENU

- 珈琲　500円
- 紅茶　500円～
- 自家製プリン　500円
- 珈琲ソフトクリーム　500円
- 珈琲ゼリーパフェ　700円

早稲田
café
GOTŌ
チョコタルト
アイスカフェオレ
みっちりつまって食べごたえあり。
なつかしい…
おともだちと。
ホールケーキかわいい
花が咲いているよう
こうなるんだね、
これがカットされて
ケーキのショーケース
午前中はまだまだすいてる。

カフェゴトー
（早稲田）

じまんの自家製ケーキは学生街サイズ。

風合いを感じられるしっくい壁とダークな木の梁、赤いベロアの椅子の並ぶ空間に、老若男女のお客さんがそれぞれマイペースにくつろぐ。

ガラスケースに並ぶホールケーキは、大きな花が咲いているようでかわいい。ケーキはみっちりと詰まって、タルト生地もしっかり硬めで食べ応えあり。さらに、一切れの大きさがなかなかのビッグサイズなのは、学生街クオリティを感じます。

わたしもかつて、授業の合間に来たり、友人と長々談笑して過ごした記憶があって。そのせいか学生さんのおしゃべりも、教授とおぼしいおじいさまの喫茶も、何もかもそこにストーリーが想像できる気がして、甘酸っぱい気持ちになります。

Café GOTŌ

東京都新宿区馬場下町7-3
林ビル2階
cafe-goto.wixsite.com/cafe-goto

［TEL］
03-3207-9868

［営業時間］
月～土10：00 ～ 21：50
日／祝10：00 ～ 19：00

［定休日］
不定休

［喫煙／禁煙］
喫煙可

MENU

・ブレンドコーヒー 500円
・カフェ・オ・レ 600円
・紅茶 500円
・シナモンミルクティ 600円
・手作りケーキ 450円～

カフェ きょうぶんかん
（銀座）

絵本から飛び出したような焼菓子たち。

歴史ある書店ビル「教文館ビル」にあるカフェ。もみの木型ケーキ「タンネちゃん」は「ちゃん」と付くのがまずかわいい。子どもに向けた、上質なメルヘンのような愛らしさです。これ以外にも、ばらの花の形のケーキや絵本型ビスケット添えのジェラートなど、海外の絵本から飛び出したようなお菓子がいろいろ。お味は素朴でなつかしく、素材の風味やうま味をしみじみ味わうような。子どものころに通った塾の先生が、クリスマスに配った手づくりクッキーの味を思い出します。

コーヒーはハンドドリップ。苦みとコクがしっかりでお菓子とよくあいます。冬はシュトーレンやホットワインなど、ならではのメニューも登場。

銀座
CAFÉ きょうぶんかん
教文館のカフェで
素朴な味でおいしい。
ヘーゼルナッツ生地にチョコチップ
粉砂糖がふりかけられている姿も物語を感じていいな〜。
タンネちゃんケーキ。
もみの木の形のかわいいケーキ。
教文館ブレンド
酸味、苦味、バランスのよい味。
注文をうけてからハンドドリップでいれている。
声をおとして話すおじいさまがた。よい。
バラの花のケーキ（アールグレイ）
オレンジもあります
タンネちゃん…のイメージ
レースの紙ナプキンも可憐。
ジェラート（プレミアムミルク）
GINZA KYOBUNKWAN
オリジナルの本型クッキー
「ジェラートの美味しいおめし上がり方」
メニューのメルヘンチックさがやさしくていつもなごむ…
見ばらしもいいッ！

CAFÉ KYOBUNKWAN

東京都中央区銀座4-5-1
教文館4階
www.kyobunkwan.co.jp/cafe

［TEL］
03-3561-8708

［営業時間］
11：00 ～ 19：00

［定休日］
無休

［喫煙／禁煙］
禁煙

MENU

・きょうぶんかんブレンド	580円
・紅茶	560円
・タンネちゃん	280円
・ばらの花のケーキ	260円
・トラピストビール	800円

味のある
メニュー表
コレクション。

メニュー表を読むのが好きです。そこには、お店の人格というか、個性が強烈にあらわれるもの……と考えているから。
ここでは、筆者が出逢ったいくつかの印象的なメニュー表たちをご紹介します。

「把握したい」
欲求をかきたてる
コラージュ的な
メニュー表。
——gion（阿佐ヶ谷）

イラストや写真が散りばめられた、カラフルなメニュー表。混沌とした印象もありつつ、じっくり読んで把握したくなる魅力があります。

突如挿入される、メニューのワンポイントやオプションの情報などが楽しい。

それはまるでひとつの読み物のような。

——カフェ マメヒコ（三軒茶屋／渋谷）

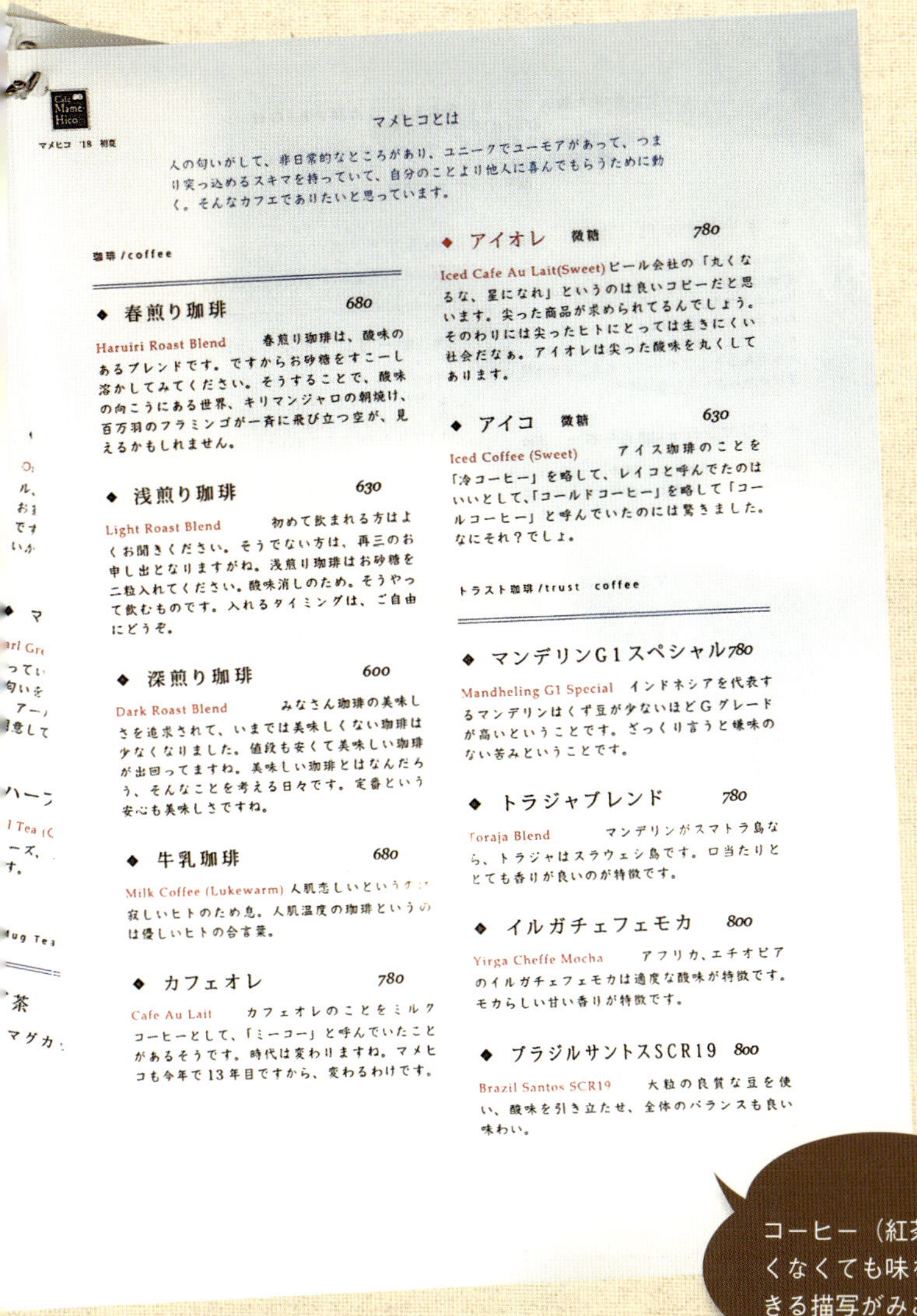

Café Mame-Hico

マメヒコ '18 初夏

マメヒコとは

人の匂いがして、非日常的なところがあり、ユニークでユーモアがあって、つまり突っ込めるスキマを持っていて、自分のことより他人に喜んでもらうために動く。そんなカフェでありたいと思っています。

珈琲 /coffee

◆ 春煎り珈琲 680

Haruiri Roast Blend 春煎り珈琲は、酸味のあるブレンドです。ですからお砂糖をすこーし溶かしてみてください。そうすることで、酸味の向こうにある世界、キリマンジャロの朝焼け、百万羽のフラミンゴが一斉に飛び立つ空が、見えるかもしれません。

◆ 浅煎り珈琲 630

Light Roast Blend 初めて飲まれる方はよくお聞きください。そうでない方は、再三のお申し出となりますがね。浅煎り珈琲はお砂糖を二粒入れてください。酸味消しのため。そうやって飲むものです。入れるタイミングは、ご自由にどうぞ。

◆ 深煎り珈琲 600

Dark Roast Blend みなさん珈琲の美味しさを追求されて、いまでは美味しくない珈琲は少なくなりました。値段も安くて美味しい珈琲が出回ってますね。美味しい珈琲とはなんだろう、そんなことを考える日々です。定番という安心も美味しさですね。

◆ 牛乳珈琲 680

Milk Coffee (Lukewarm) 人肌恋しいというのは寂しいヒトのため息。人肌温度の珈琲というのは優しいヒトの合言葉。

◆ カフェオレ 780

Cafe Au Lait カフェオレのことをミルクコーヒーとして、「ミーコー」と呼んでいたことがあるそうです。時代は変わりますね。マメヒコも今年で13年目ですから、変わるわけです。

◆ アイオレ 微糖 780

Iced Cafe Au Lait(Sweet) ビール会社の「丸くなるな、星になれ」というのは良いコピーだと思います。尖った商品が求められてるんでしょう。そのわりには尖ったヒトにとっては生きにくい社会だなぁ。アイオレは尖った酸味を丸くしてあります。

◆ アイコ 微糖 630

Iced Coffee (Sweet) アイス珈琲のことを「冷コーヒー」を略して、レイコと呼んでたのはいいとして、「コールドコーヒー」を略して「コールコーヒー」と呼んでいたのには驚きました。なにそれ？でしょ。

トラスト珈琲 /trust coffee

◆ マンデリンG1スペシャル 780

Mandheling G1 Special インドネシアを代表するマンデリンはくず豆が少ないほどGグレードが高いということです。ざっくり言うと嫌味のない苦みということです。

◆ トラジャブレンド 780

Toraja Blend マンデリンがスマトラ島なら、トラジャはスラウェシ島です。口当たりとても香りが良いのが特徴です。

◆ イルガチェフェモカ 800

Yirga Cheffe Mocha アフリカ、エチオピアのイルガチェフェモカは適度な酸味が特徴です。モカらしい甘い香りが特徴です。

◆ ブラジルサントスSCR19 800

Brazil Santos SCR19 大粒の良質な豆を使い、酸味を引き立たせ、全体のバランスも良い味わい。

コーヒー（紅茶）にくわしくなくても味をイメージできる描写がみごと！

ちょっぴり詩的で、やわらかな文体のメニュー表は、小さな物語を読んでいるような感覚。ついつい全部、目を通してしまう。

おなじみのメニューも
新鮮に感じる
情緒ある説明文。
──ルアン（大森）

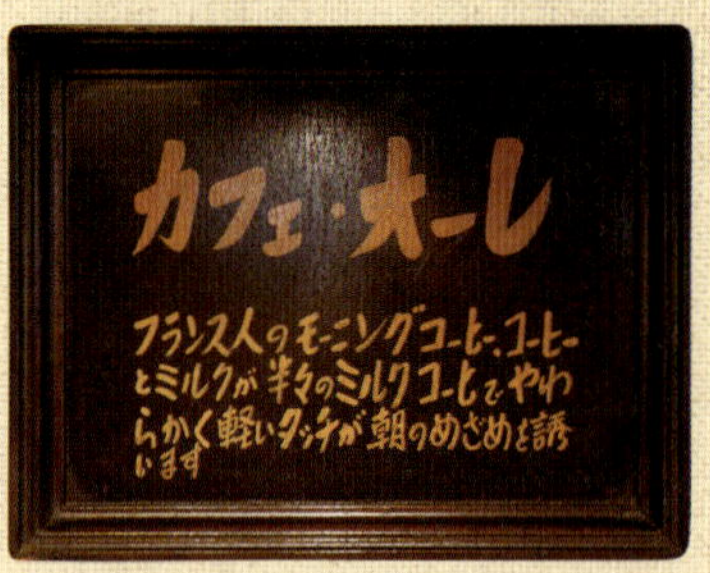
カフェ・オーレ
フランス人のモーニングコーヒー。コーヒー
とミルクが半々のミルクコーヒーでやわ
らかく軽いタッチが朝のめざめを誘
います

ウインナー・コーヒー
冷たいなめらかなクリーム、熱いコーヒー
ジョジョに濃くなる甘味と三段階の変化
を楽しめます

コーヒー・ジュレップ
ブランデーとペパーミントの
入った独特なコーヒーフロートです

味のある文字は看板職人さんに描いてもらったそう。

厳密にはこちらはメニュー表ではなく、壁に飾られたメニュー紹介の掲示（メニュー表も存在します）。カフェオレやウインナーコーヒーのようなおなじみメニューも、創業時には新鮮味をもって受けとめられていたのかも……という感じが伝わってきます。

画材店のカフェでは
スケッチブックがメニュー表。

——文房堂 gallery cafe（神保町）

メニューのイラストがところどころに挿入されていたり、説明文にも神保町的インテリ風味を感じてウットリしたり。

メニューです、とスケッチブックを渡されるおどろきとときめき！

メニュー表との一瞬の邂逅

メニュー表は、基本的には、お店に入ってから注文を終えるまでのあいだしか手元に置くことができないもの。なので、「このメニュー表、ちょっとおもしろいな……」と感じても、じっくり読むこともできなかったり。そんな、一瞬しか出逢えないところもまた、愛おしかったりするのです。

ざっくり手描きから伝わる店主さんの「パッション」。

——ノイエ（下北沢）

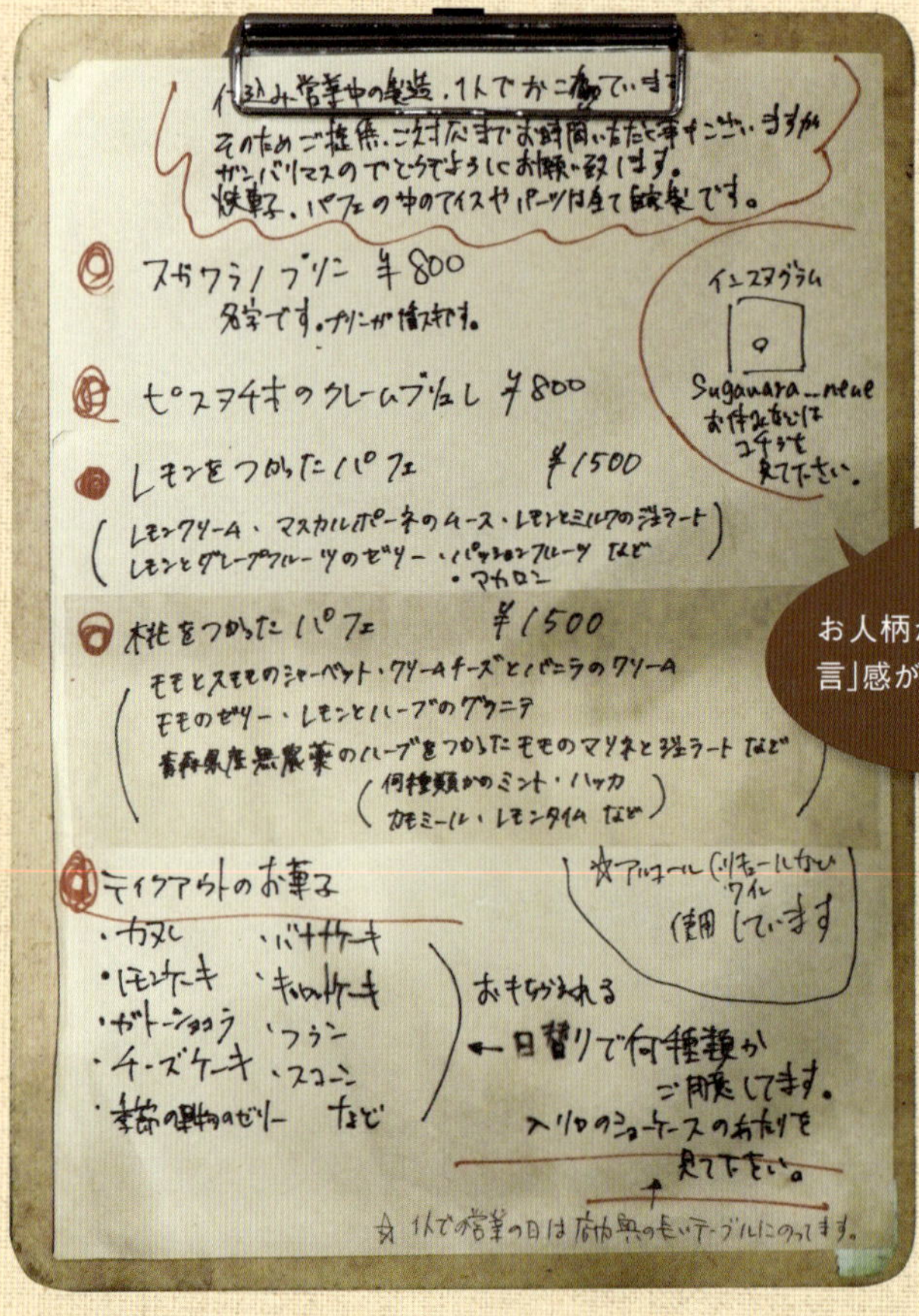

お人柄が伝わる、「ひとり言」感がいい味出してます。

いきおいある手描きのメニュー表。一見、ざっくりとした印象を受けるけれど、店主さんのこだわりが浮かび上がってくる不思議な味わいです。

「取扱い説明書」のような読みごたえバツグンのメニュー表。

――フヅクエ（初台）

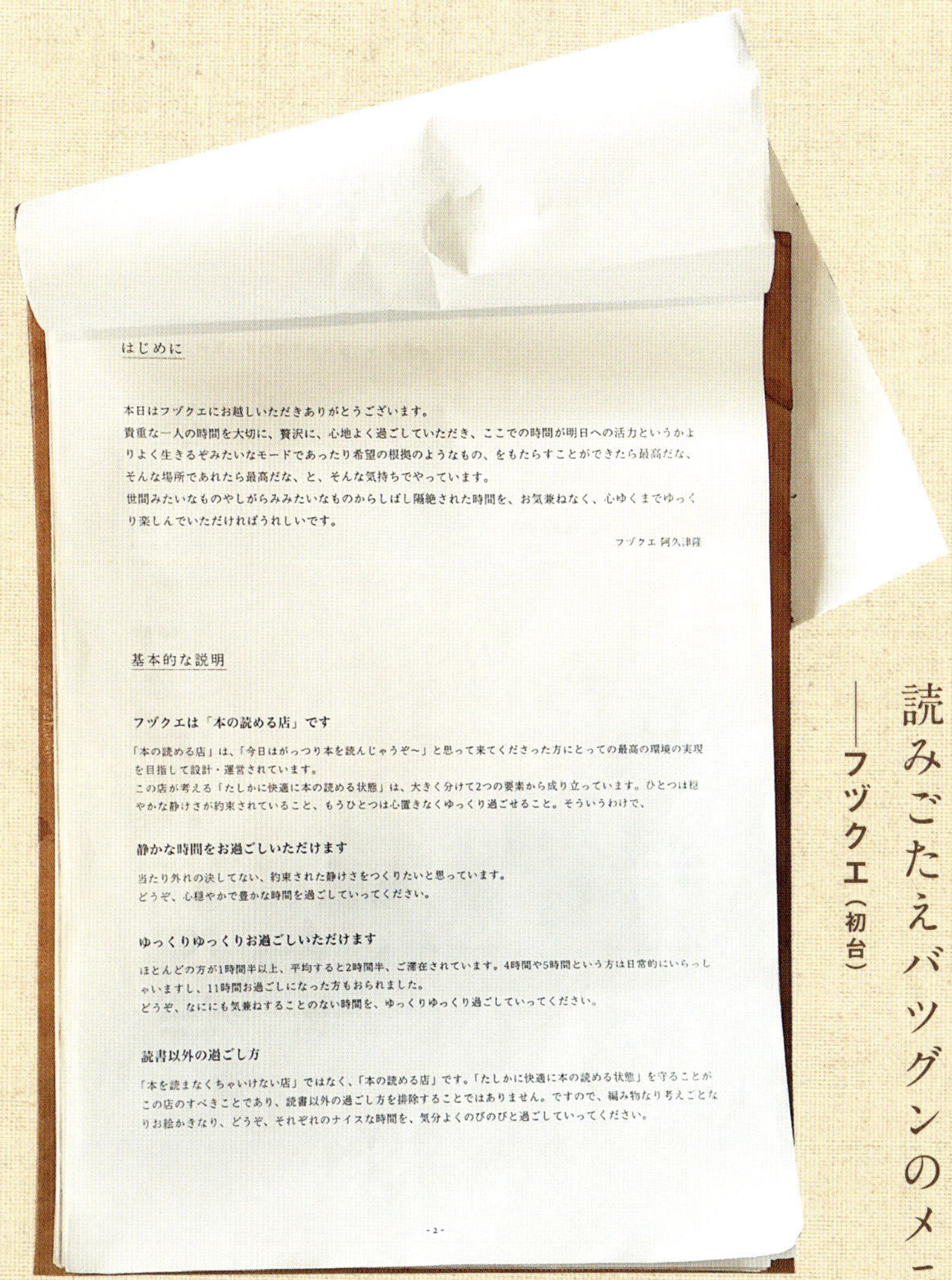
はじめに
本日はフヅクエにお越しいただきありがとうございます。
貴重な一人の時間を大切に、贅沢に、心地よく過ごしていただき、ここでの時間が明日への活力というかよりよく生きるぞみたいなモードであったり希望の根拠のようなもの、をもたらすことができたら最高だな、そんな場所であれたら最高だな、と、そんな気持ちでやっています。
世間みたいなものやしがらみみたいなものからしばし隔絶された時間を、お気兼ねなく、心ゆくまでゆっくり楽しんでいただければうれしいです。
フヅクエ 阿久津隆
基本的な説明
フヅクエは「本の読める店」です
「本の読める店」は、「今日はがっつり本を読んじゃうぞ〜」と思って来てくださった方にとっての最高の環境の実現を目指して設計・運営されています。
この店が考える「たしかに快適に本の読める状態」は、大きく分けて2つの要素から成り立っています。ひとつは穏やかな静けさが約束されていること、もうひとつは心置きなくゆっくり過ごせること。そういうわけで、
静かな時間をお過ごしいただけます
当たり外れの決してない、約束された静けさをつくりたいと思っています。
どうぞ、心穏やかで豊かな時間を過ごしていってください。
ゆっくりゆっくりお過ごしいただけます
ほとんどの方が1時間半以上、平均すると2時間半、ご滞在されています。4時間や5時間という方は日常的にいらっしゃいますし、11時間お過ごしになった方もおられました。
どうぞ、なににも気兼ねすることのない時間を、ゆっくりゆっくり過ごしていってください。
読書以外の過ごし方
「本を読まなくちゃいけない店」ではなく、「本の読める店」です。「たしかに快適に本の読める状態」を守ることがこの店のすべきことであり、読書以外の過ごし方を排除することではありません。ですので、編み物なり考えごとなりお絵かきなり、どうぞ、それぞれのナイスな時間を、気分よくのびのびと過ごしていってください。
- 2 -

通常のメニュー紹介の手前に、このお店での過ごしかたについてが何ページにもわたって書かれています。店主さんによる「読書ができる空間」を実現するための、いろいろなルールが明文化されている。筆者はおもしろくていつも熟読してしまうのですが、みなさんもぜひ、その目で確かめてみてね。

Column

グルメサイトをどう「読む」か。

グルメレビューサイトは、評価にバイアスがかかることが多いと思っています。たとえば喫茶店でわかりやすいのは、「パンケーキ／ホットケーキ」「プリン」「かき氷」があるお店。そのメニューがあると、「ブースト」がかかり、点数が増していると読みます。

その理由はおそらくですが、話題が話題を呼び、本来喫茶店に通うような人たちだけでなく、そのメニューのためだけに通うお客さんが増えることで、点数が爆発するのでは……ということ。

紙メディアでもネット情報でも、わたしは「内観写真」をいちばん気にかけています。お店のジャンル（昔ながらのお店なのか、今風なのか、バラエティ感あるお店なのか、ストイックな珈琲店なのか……など）を前もって想定できますし、もっと言えば、店主さんのお人柄なども読み取れると思っていて。

また、「メニュー写真」からも似たことを読めます。全体のメニュー構成から、どういうタイプのお店かをさらに詰められるし、メニュー表のデザインや説明文などから、お店の〝人格〟のようなものをくみ取れます。

味わいある「口コミ」テキストは結構好きです。投稿者さんごとのグルーブがあるというか。やはり点数は参考程度で、その方になったつもりで「解釈する」想像力が必要かなと思います。

最終的に大きな判断材料になるのは、実際に目の前にした店構えや看板だったりします。お店の方の「生の声」みたいなものを感じられる情報が、いちばん背中を押すんだと思います。

第5章

凝った空間で陶酔感倍増

建ものに酔う

*

コーヒーにうっとり、おやつにうっとり、
音楽にうっとり。空間はその器で、
すてきな建物は、さらに特別な喫茶時間を
もたらしてくれるものです。

珈琲館 くすの樹

（東小金井）

東小金井 くすの樹
ホイップ。
アイスカフェオーレ。
チーズカレートースト。
ポテチ。
安心感のある味です…
厚切りトースト。
食べることに何らかの達成感をおぼえる
ポテサラ
レモン
甘めのカレーがとろーり、チーズもとろけてる

天井もめちゃ高い!!
ログハウスのような。
武蔵野の郊外の良さを感じます。
2階席はじめてでウレシくて、室内を感じる…!!
ローストポークサンド
バンズもおいしい。
キュウリ。
チャーシューのようなジューシーぷりっぷりポーク。!!!
メロン
トマト
ポテサラ
レモン
全体に手づくり感があってとてもおいしい。
ふんわりクリーム
あったかコーヒー
アレンジコーヒーもしっかりおいしい!
ウインナーコーヒー。

ヨーロピアンなぬくもりある大箱喫茶店。

ロッジのようなかわいい建物は、なんと100席もある広々空間。雰囲気満点で、窓辺、カウンター、2階と、どの席に座っても「絵になる」お店。とくに2階席は下の階を俯瞰することができ、「中2階」風味でたまりません。高い天井による開放感もまた、ごちそうです。

この建物は、ヨーロッパの木造建築技法「ハーフティンバー様式」をイメージしたもの。実際は木造ではなく、構造に強度をもたせるため鉄骨造にし、鉄筋鉄骨の柱や梁を丸太で覆うことで木造風に仕上げたというこだわりよう。これらの施工は宮大工さんによるものとのことです。「地元のみなさんにおいしいコーヒーを提供する憩いの場をつくりたい」という創業者の思いをかたちにした店内では、家族でのんびりと過ごす姿があちこちにあり、お客さんのくつろいだ空気にもホッといやされます。

定番喫茶ドリンク、デザート、軽食とメニューも幅広くて、空間同様に、さまざまな客層や用途に対応できそう。「ローストポークサンドイッチ」は、フレッシュで山盛りの野菜や弾力しっかりのパンなど、喫茶店での軽食とあなどれない誠実さを堪能できて、じんわり元気になれます。

cafe-kusunoki

東京都西東京市新町5-19-10
cafe-kusunoki.com

[TEL]
0422-55-4450

[営業時間]
9：00 ～ 22：00

[定休日]
不定休

[喫煙／禁煙]
禁煙

MENU

- ・ブレンドコーヒー 480円～
- ・レトロ・カプチーノ 500円
- ・ローストポークサンドイッチ 850円
- ・チーズカレートースト 850円

東小金井、武蔵境駅のどちらからも歩けますが、
バスの本数も多いのでどちらがオススメ。
←自転車たくさん！
（駐車場も広い）
円筒型の別館「シャトー」は、
パーティや演奏会など貸し切りできる。
創業者があこがれていた中世ヨーロッパのお城をイメージしたもの
レジで売ってる「カフェボール」
やさしい味だよ。
コーヒー味でコーヒー豆型の焼菓子。
おみやげに…

ロン
（四ツ谷）

四ツ谷
Lawn
ロン
ハムトースト…というのがサンドイッチ。
香ばしい厚めのトーストにハム。シンプルだけどじわじわおいしい。
サンドイッチはサンドイッチでメニューにある。
ロックアイス
タマゴサンド
たまごやきが…はさまってるタイプ。たまごやきはあたたかい。
（1階でも感じられるけど全体を眺めてみたかったの）
2階席で空間を感じてみたよ。
ここもでドーかっこいいー
ミルクセーキ。
やさしい。
この雰囲気もかっこいい。
吹き抜けのぞくとちょっとコワイ
入り口ドアに続く大きな窓もステキだ

モダニズム建築と喫茶店らしいインテリアとが混じり合う。

カッコよすぎる建物にいつもめろめろになってしまうお店。店外からも見えるシンボル的な大きな柱と、入り口のガラスドアと天井までつながったような大きな窓、入ってすぐの吹き抜け。柱と対称の関係のような螺旋階段を上った先の2階は、1階や吹き抜けを一望できる、建物の立体感を楽しめる空間。打ち合わせや待ち合わせなどの気分を大いに盛り上げてくれます。

モダニズム建築家、高橋靗一《ていいち》に師事した池田勝也の設計で、褪せないデザインに耐久性を兼ね備えているので、長く営めていると店主の小倉さん。

名物のタマゴサンドはあたたかい卵焼きがはさまったタイプで、素朴な喫茶店味がうれしい。

Lawn

東京都新宿区四谷1-2

［TEL］
03-3341-1091

［営業時間］
11：00～19：45
（ラストオーダーは閉店30分前）

［定休日］
土曜／日曜／祝日

［喫煙／禁煙］
喫煙可

MENU

・ブレンドコーヒー	550円
・カフェオレ	550円
・ミルクセーキ	700円
・ハムトースト	350円
・タマゴサンド	700円

コーヒーロッジ ダンテ
（西荻窪）

「中2階」にワクワクする、木の空間。

店名に「ロッジ」とあるように、山小屋をイメージした店内は、木とレンガの温かみと、段差や高低に不思議な躍動感をおぼえる空間です。

店主の吹田さんの友人でもある中野「クラシック」の店主からの〝空間に高低差をつけると広く見せられる〟というアドバイスを参考に設計したとのこと。この中2階にレンガの階段でミシミシと上っていく感覚や、高いところからカウンター席を横目に喫茶する感覚は、まさに登山のような、ちょっとした〝浮遊感〟があってワクワクします。

バームクーヘンは大阪の卵メーカー「セラルージュ」のもの。コーヒーや紅茶にちょっと添えるのにぴったりということで提供しているそう。

COFFEE LODGE DANTE
西荻窪
見た目もかわいいメニューたち！
ウインナーティ
バームクーヘン。200円！
ほんのり温かくてフワフワ！
クリームと濃い紅茶とのコントラストがたまらんです。

Coffee Lodge DANTE

東京都杉並区西荻南3-10-2

［TEL］
03-3333-2889

［営業時間］
12：00～19：00

［定休日］
なし

［喫煙／禁煙］
禁煙

MENU

・ダンテブレンド　550円
・スペシャリティコーヒー　600円～
・ウィンナコーヒー　680円
・バウムクーヘン　200円
・クロックムッシュ　550円

アヂト
（駒沢大学）

紅茶トニックソーダ
炭酸つよめでビックリ!
レモンがうかぶ
かわいい形にカットしてあった!
何をたのんでもおいしい…
外見はコロッケやサーターアンダギーのようだけど
中はフワトロフレンチトーストだ…
揚げフレンチトースト!!
きなこトッピングしたよ
香ばしくほんのり甘く。
あんこ
クリーム
食感のコントラスト
おいしく…かなりたまらんおやつなのであった…
ハチミツトッピングしたよ
デザートもごはんもデリ的メニューもいろいろたのみたいものありすぎて
うーん…
ザ・長考っ
つらいぜ。選ぶのが。

駒沢大学
adito
アヂト
ボーロと甘なっとう
ポットでくる!!
ミルクはあたためて出してくださった。
アヂト珈琲ゼリーパフェ
ちびどら焼
バニラアイス
あんこ
コーヒーゼリーと牛乳ゼリーのマーブルかげんがうつくしい…!
アヂト珈琲
はれの日もきもちいいね。
2Fカウンターのはしっこに座れたヨ!!
カウンター、奥行きがあるのもいいところ…

カウンター席が「ごちそう」になる。

建物のパノラマ感が好きな人におすすめの、「空間のおもしろさ」があるお店。バーのようにシャレたカウンター席の1階、階段の合間のロケーションにワクワクする中2階、大きめの窓がとにかく開放的で気持ちいい2階という3つのフロアから構成されています。

それぞれに違った居心地のよさがありますが、わたしは2階が好き。窓に向かったカウンター席は奥行きとテーブルの厚みがしっかりあって、落ち着いてすごせます。目の前にはちょっとした眺望と、文庫本がずらり並んだ背の低い本棚。カウンター席がごちそうになるというのは、とてもすばらしいことだと思っています。

メニューは、迷うほどたくさん用意されていて、どれも見た目のうつくしさとひと工夫あるおいしさとを兼ね備えています。選ぶのに、ついいつも長考してしまう。おすすめは「揚げフレンチトースト」。外見はコロッケのようですが、中はフワトロ。やさしい甘さと揚げ物感で、食感と味のギャップがたまらない、やみつきメニュー。コーヒーはなんとポットサービス。ただでさえ居心地がばつぐんなところに、どこまでも長居ができてしまうのでした。

adito

東京都世田谷区駒沢5-16-1
※東急バス「深沢不動前」から徒歩2分
www.adito.jp

［TEL］
03-3703-8181

［営業時間］
12：00-24：00
（ラストオーダーは閉店30分前）

［定休日］
水曜／年始（祝日営業）

［喫煙／禁煙］
分煙

MENU

・アヂコーヒー（ポット） 560円
・京番茶 570円
・超級キームン 670円
・大人様定食 880円
・アヂ珈琲ゼリィパフェ 880円

古城

（上野）

高級喫茶
古城
上野
トマト
ハンバーグ!
キャベツ
キュウリ
喫茶店のハンバーグ、あるとわりとたのんでしまうよ。
目玉焼き半熟!
デミグラスソースの海。
ごはん少なめにしていただきました。
タイル。
岩のパーティションいいですね。
ゆったりシートでくつろぐサラリーマン多し。
若いのに慣れてらっしゃる。
コーヒー 紅茶がセットになります。
超ゴージャスなシャンデリア。
メニューのうしろの方に
昔の雑誌キリヌキが入っているので
（お店の取材）
しばし読みとれ…
ロマンスカーとウワサの語源が同じだね!
「ロマンスシート」に座りたかったけどちょうど埋まってたのだ
ただし今のとこカップルが座ってるとこを見たことがない
（オジサマひとりが多い）
「特急」的なよさを感じます

平成の時代に生き続けるサロンへようこそ。

ちょっと勇気を出して地下への階段を下りれば、ゴシックロマンあふれる空間が待っています。とにかくゴージャスな内装におどろくはず。あちこちにかがやくステンドグラス、シャンデリア、大理石の壁、石の床、ゴツゴツと迫力のある岩のパーティション、などなど。

内装デザインは二代目店主である松井京子さんのお父さまによるもので、ヨーロッパへの強いあこがれから「世界美術全集」を参考にして細部までこだわったとのこと。

二人掛けの「ロマンスシート」がわたしのお気に入り。席が向き合わず、すべて同じ方向を向いているのが、ベロア素材のシートの高級感も相まって、特急電車のような。

平日の客層は、ビジネスマンや地元の古くから通ってらっしゃるような方々が主で、こんなに重厚で豪華な空間にもかかわらず、ひどくマイペースなようす。このギャップがまた、いい味わいです。

コーヒーは深煎りで打ち合わせや考えごとが捗る味。ハンバーグは目玉焼きとデミグラスソースが載りサラダとご飯がつくボリュームご飯。メニューの幅広さも上野らしい。

Kojyo

東京都台東区東上野3-39-10
光和ビルB1階

［TEL］
03-3832-5675

［営業時間］
9：00～20：00

［定休日］
日曜／祝日

［喫煙／禁煙］
喫煙可

MENU

- ・ブレンドコーヒー　490円
- ・ウインナー・コーヒー　590円
- ・紅茶　490円
- ・チョコ生トーストセット（ドリンク付き）　830円
- ・ハンバーグ（ドリンク付き）　1390円

カフェオレと合うゾ
チョコ生トースト！
生クリームとチョコレート
生クリームON
アイスカフェオレ
好きな味。
スプーンでトーストにかけていただくのだ
メニューには珈琲紅茶とのセットしかのってませんが、
単品でほかのドリンクと一緒にたのむことも可能
バタートーストにはザラメがまぶされている。

gion《ギオン》

(阿佐ヶ谷)

サラダもりもり！
マヨあえタマゴ！
大きすぎハム。
ナポリタン
いつもな店員さんがカワイイ。
いろいろと調味料をつかってるようなフクザツな味わい。
レストランのメニューみたい
ちゃあん
「少なめ」にしていただいたけどかなりボリューミーだ!!
細めんなので巻きやすい。
服を汚しにくくてよいです。不器用なので…
20種以上の材料を使っているそうな…！
レシピは40回以上ブラッシュアップされているとのこと。
阿佐ヶ谷
ギオン
Gion
メルヘン!!
ブランコ席があいてたけど勇気はなく…
ソーダ水に＋150円で！
クリームソーダ青。(ブルーハワイ)
アイス3タマ!!
な店員さんたちもほのぼの…
コーヒーフロート
グラスが愛らしい。
コラージュを多用したメニューもとてもよかったデス…
混ざってく過程がかわいすぎてた。
青とクリーム色のコントラスト☆
ものすごーくぷりっとしたグラスで愛らしいぜ
とーってもメルヘンだけどおちついている！
おじさまもたくさんご来店されてるし居心地ほどよいのだ。
アイスのみものならなんでもフロートにできるのだ…!!
アイスロイヤルミルクティフロート!!

秘密の箱庭で、どっぷり喫茶トリップ。

生花や造花、メルヘンなオブジェであふれ、ネオンがあやしく輝き、天井はピンクや青の異空間。ですが、不思議と落ち着くお店。たとえば、インテリアや梁などの木のこげ茶色がカラフルさに統一感をもたらしているし、床の段差は空間の広さや立体感を生んでいて、お客さん同士の目があわない演出になっている。窓辺の小さな席には、窓の向こうに箱庭のような造花やオブジェあふれる空間を配置して特別感を出すなど、細部にいたる配慮があります。

お店の平面図は店主さんが描かれたとのこと。お店を出す前に300軒ほどのお店に通い、内装や照明、店内に飾る絵画やメニューなど、あらゆる要素を参考にしたそう。この独特で不思議な雰囲気には、店主さんの熱意や教養が裏打ちされているのでした。

ぷりっとかわいい大きなグラスにバニラアイスが3玉も入った「フロート」のトッピングは、アイスのドリンクならどれでも対応できるとのこと。自分だけのフロートをつくりたい願望をかきたてられる……！　ナポリタン、トースト、サンドイッチなどの食事メニューは、どれを頼んでもひと工夫あるおいしさです。

gion

東京都杉並区阿佐谷北1-3-3
川染ビル1階

［TEL］
03-3338-4381

［営業時間］
月～土8：30～翌2：00
日9：00～翌2：00
（ラストオーダーは閉店30分前）

［定休日］
なし

［喫煙／禁煙］
分煙

MENU

- ・コーヒー 440円
- ・ミルクティ 420円
- ・ソーダ水 450円
（冷たいドリンクは追加料金でフロートにできる）
- ・ナポリタン（サラダ付き） 820円

窓際席は造花のジャングルみたくなっている。
ハコニワっぽい
森っぽさがあってワクワク。
ロマンチックなデザインのランプ

コーヒーの大学院 ルミエール・ド・パリ

（日本大通り）

Lumiére de Paris

神奈川県横浜市中区相生町1-18
光南ビル1階

［TEL］
045-641-7750

［営業時間］
平日 9：30～20：00
土10：30～20：00
祝10：30～19：00

［定休日］
日曜

［喫煙／禁煙］
分煙

MENU

・ルミエール ブレンド 580円
・ケーキセット（ドリンク付き） 890円
・スペシャル・手作りハンバーグ（ライス、コーヒー付き） 1300円

「特別感」の中で味わう一杯を。

赤いじゅうたんやシャンデリア、大理石の壁、西洋風の鎧（！）など、中世のお城のような濃厚な内装。創業者は芸術や文学に造詣が深く、訪れたすべての人たちに特別感を味わってもらいたいという思いから、絢爛豪華な空間が生まれたという。「大学院」という店名は、「最高学府」級のコーヒーを提供したいという精神からだそう。

禁煙席である「オーキッド・ルーム」はステンドグラスやシャンデリアに囲まれた、重厚空間でおすすめですが、個人的には入口付近の部屋（喫煙席）がお気に入り。天井にはブドウの装飾を施した鏡、要所要所に金色をあしらった奥行きある細長い空間。窓から周辺の官庁街の景色を望めるのも、開放感があって気持ちがよいのです。

Column

「中2階」の味わい。

喫茶店に限らないのですが、わたしの大興奮ロケーションに「中2階（ちゅうにかい）」があります。中2階とは、1階と2階の床のあいだにつくられたフロアで、基本的には1階よりも床面積が小さく、1階と天井を共有している空間のこと。「ロフト」を想像していただくとわかりやすいと思います。

喫茶店では、中2階「風」も含めれば、「くすの樹」や「ダンテ」「ロン」（こちらは正式には中2階ではありませんが、風味として……）など。本書で取り上げていないお店では、「ル サロン ド ニナス」新宿店、八重洲ブックセンターの喫茶店「ティファニー」、リニューアル前の銀座「風月堂」など。

建物のフロア案内に「M2階」とあるだけで、まず興奮してしまう。どこからたどり着けるのかが一見わからないところも好き。昔のRPGの「見えているのにたどり着けない場所……何かの仕掛けを解くとたどり着けるのか、いつかゲームの内容が進行したときにたどり着けるのか」みたいなロマン。

喫茶店は「箱庭」感に魅力があることも多いですが、それを強烈に体感できる場所というところもいい。「俯瞰できる」ことによって空間をより強く意識できるというか。乗り物を外から眺めているときのような「あの席に座ってみたい」と感じさせる魅力。

近年、お店がリニューアルされるときなどに、中2階が消滅してしまうことに遭遇するケースも増えました。もしかすると、中2階は滅びゆく「萌えロケーション」なのかもしれません。

27

CAFÉ
大学院
コーヒーの
外観もステキ．店の色がかわいらしい
ヨロイ

第6章

音がよければ
より深いひとりの境地へ

音楽を楽しむ
喫茶店

＊

喫茶店は「環境」を楽しむものだと思っています。
よい音は、目に見えないけれど、
ひとりの時間をより濃密にしてくれるもの。
音楽にこだわりのあるお店たちをご紹介します。

Jazzと喫茶 囃子《はやし》

(下北沢)

アイスカフェオレ
すきな味だ～
ピクルス
囃子《はやし》ライス
濃厚でホッとする味… 具もゴロゴロ!
ごはん少なめにしていただきました

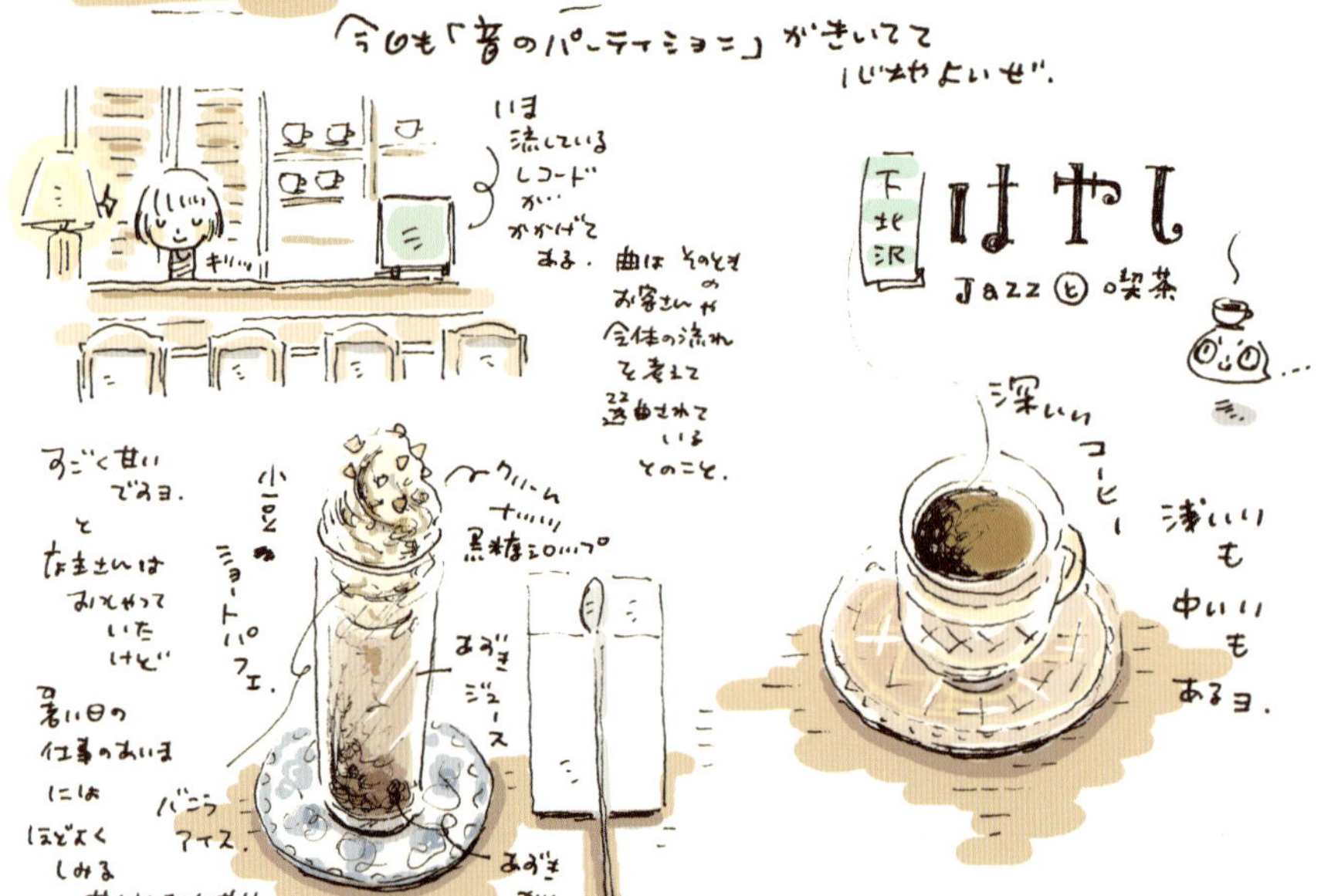

今日も「音のパーテイシヨン」がきいてて心地よいぜ.
いま流しているレコードがかかげてある.
キリッ
曲はそのときのお客さんが全体の流れを考えて選曲されているそのこと.
下北沢
はやし
Jazzと喫茶
深いいコーヒー
浅いいも中いいもあるヨ.
すごく甘いですヨ. と店主さんはおっしゃっていたけど暑い日の仕事のあいまにはほどよくしみる甘さとひんやり感でした.
小さめショートパフェ.
クリーム ナッツ 黒糖シロップ
あずきジュース
バニラアイス.
あずきがしずんでいる

厚く熱い、音のパーティションに抱かれる。

音楽を楽しむことを売りにしている喫茶店は、先入観もあって、ちょっと敷居の高いものでした。あるとき、ふとこのお店の扉を開けてみると、そこには渋めの珈琲店の要素がコンパクトに集まった心地よい空間がありました。店主さんに向かったカウンター席、3組のテーブル席、宇宙船のような斜めの窓に向かったカウンター席。木のテーブルに、アンティークな風情のランプ、おさえた照明。

大きめのボリュームの音楽が、意外と心地よくて、「見えないパーティション」のように、それぞれのパーソナルスペースを確保してくれます。店主の林さんいわく、喫茶店で流れる音楽は主張しすぎず、それでいて、お客さんにとってすてきな時間をもたらすものであってほしいとのこと。ジャズにこだわらずソウルやニューウェーブなどを雰囲気にあわせてかけるそう。

ジャズ喫茶の名店「マサコ」ゆずりの「あんトースト」は、甘すぎないあんことトーストの塩気のコラボがおいしい。味噌が隠し味の「囃子ライス」など、メニューも甘いだけかわいいだけではない、きりりと大人の主張があるところが、このお店の存在感と似ているように感じました。

jazz kissa hayasi

東京都世田谷区北沢2-9-22
EIKO下北ビル3階

［TEL］
03-5738-7107

［営業時間］
15：00～24：00

［定休日］
火曜／水曜

［喫煙／禁煙］
禁煙
※入口に灰皿設置

MENU

- ブレンドコーヒー　648円
- カフェオレ　756円
- あんトースト　648円
- 囃子ライス　972円
- 肉味噌きのこパスタ　972円

とてもよい…
あんトースト
カフェオレ
ジャズ喫茶ってシキイが高いのかなと構えてしまうけども
みっちりしたパンに甘すぎないあんこ。おいしーい。
とーってもいい珈琲店なのフンイキがあってすごくすごくステキです。

JUHA《ユハ》

（西荻窪）

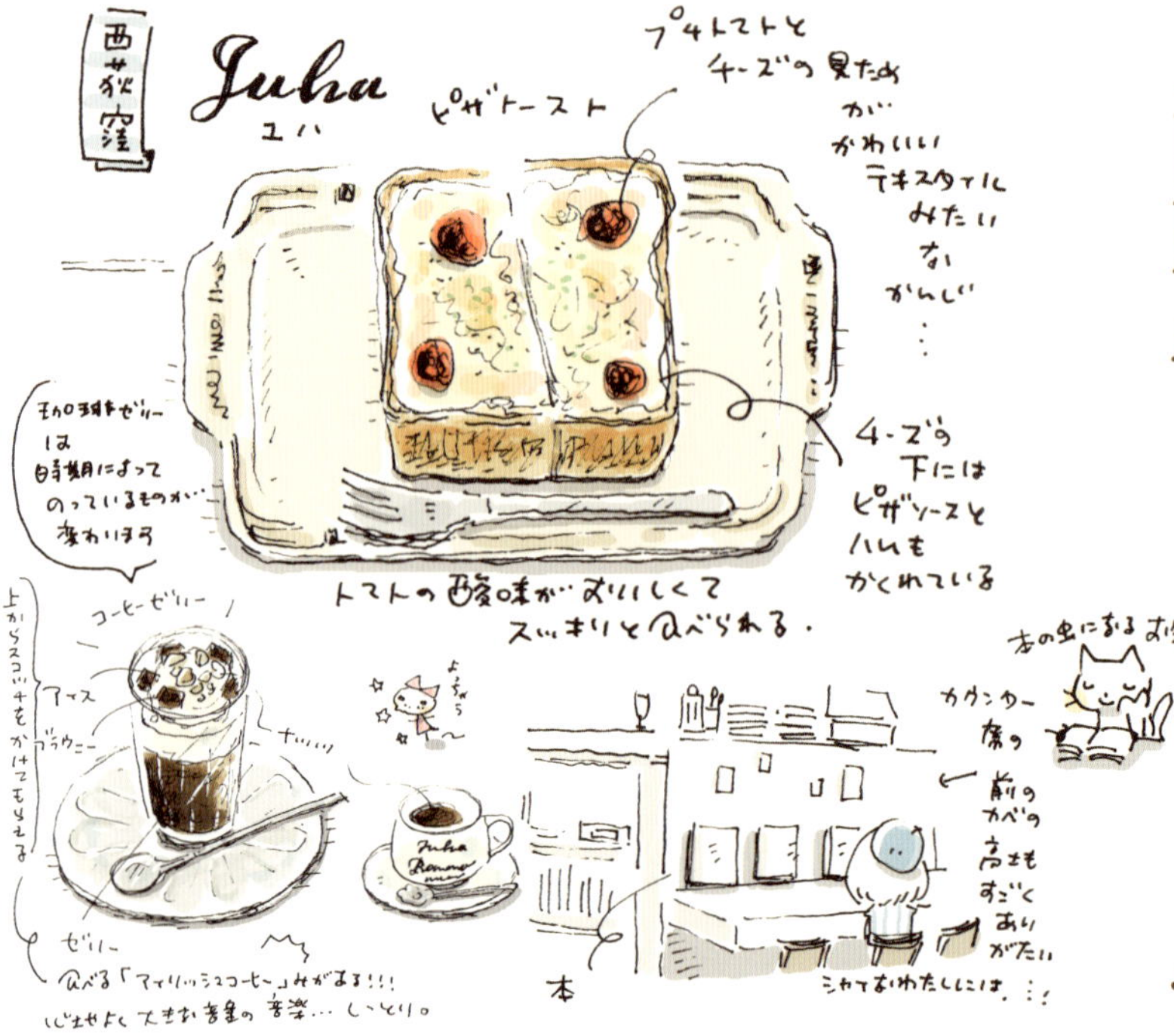
西荻窪
Juha
ユハ
ピザトースト
プチトマトとチーズの見ためがかわいいテキスタイルみたいなかんじ…
チーズの下にはピザソースとハムもかくれている
トマトの酸味がおいしくてスッキリと食べられる。
珈琲ゼリーは時期によってのっているものが…変わります
コーヒーゼリー
アイス
ブラウニー
ナッツ
ゼリー
本の虫になるお客さんたち。
カウンター席の前のカベの高さもすごくありがたい
本

JUHA

東京都杉並区西荻南2-25-4
www.juha-coffee.com

［TEL］
050-3562-0658

［営業時間］
火～金10：00 ～ 19：00
土／日／祝10：00 ～ 18：00
※最新の営業時間はHP参照

［定休日］
月曜
※祝日の場合は翌日火曜

［喫煙／禁煙］
禁煙

MENU
- マイルドブレンド　520円
- カフェオレ HOT 620円／ICE 670円
- マサコのあんトースト　420円
- コーヒーゼリー　750円
- ビール（Mixナッツ付き）　670円

珈琲色の「ロマンスミュージック」。

お店のテーマである「ロマンスミュージック」とは、店主さんの奥さまによる造語で、フィンランドの映画監督アキ・カウリスマキの作品で流れるような音楽をこの「JUHA」でも流したい、とのイメージから。開店当初からお気に入りのヴァシュティ・バニヤンや1950～60年代のジャズのほか、戦前ブルースなど、お店の雰囲気に合うと感じた音楽を自由に流しているそう。

店内は白とブルーグレーを基調とした、やわらかい雰囲気。本棚には喫茶店や映画、音楽、旅についてなどのカルチャーな本たち。カウンター席の目の前の壁は1mほどの高さがあって、店員さんが目の前にいるとドギマギしてしまう人（わたしもそうです）にもやさしい。

月光茶房
（表参道）

ほどよい緊張感に、沁みる珈琲。

コンクリート打ちっぱなしの壁、色数をおさえた内装、鉄の棚に並ぶ有田焼のコーヒーカップたち。クールで無機的な雰囲気の空間には、ドイツの名門レコード会社「ＥＣＭ」の楽曲のほか、サウンドスケープやエレクトロニカなど、前衛的、かつこのスタイリッシュな空間にしっくり調和する、それでいて「フッ」と耳が無意識に反応してしまうような音楽が流れる。

「プチ・グラッセ」は冷たいコーヒーとクリーム、コアントロー入りの飲みもの。ちびちび飲みながら過ごすうち、ふわっと酔いがまわってくる。環境を楽しむのを邪魔しない、絶妙なアルコール。

店名の通り、月の光に包まれているような、「瞑想」や「茶室」という言葉も似あうお店です。

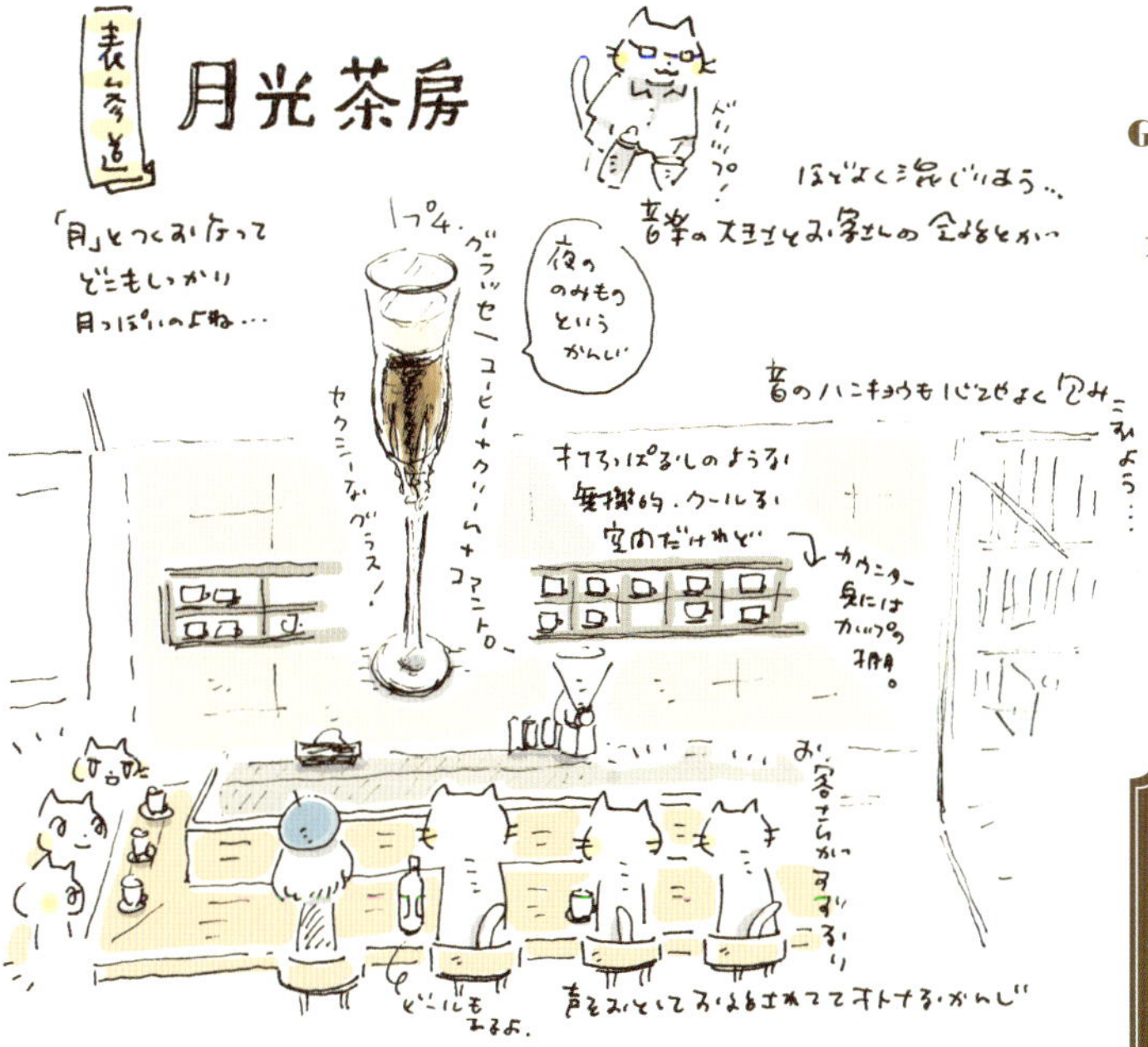

GEKKO SABOH

東京都渋谷区神宮前 3-5-2
EFビルB1階
gekkosaboh.com

［TEL］
03-3402-7537

［営業時間］
13：00 〜 21：00

［定休日］
土曜／日曜／月曜
※火〜金曜の祝祭日は営業

［喫煙／禁煙］
禁煙
※店外に簡易喫煙スペースあり

MENU

・ブレンド	600円
・オレ・グラッセ	650円
・ショコラ・オレ	700円
・各種紅茶	600円〜
・本日のシフォン・ケーキ	300円

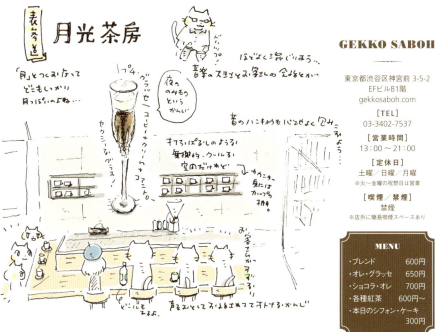

ジャズ オリンパス！

（新御茶ノ水）

JAZZ Olympus!
ジャズオリンパス
新御茶ノ水
14〜16じ
リスニング・タイムに
来てみました！
名物・赤いチキンカレー
音は大きいけれど
たしかに
「シャワーの中」
に
いるような
心地よさ。
ただ
静かに
音楽を
聴く
お客さん
ふくじんづけも合う!!!
カフェオレ（アイス）
ハフハフいただきます。
ゴロゴロホロホロチキン

名機が奏でる音のシャワーを味わう。

音や光は目に見えないけれど、喫茶店という環境に身を置くと、それらをいつもよりも鮮明に、〝物質〟〝粒子〟のように感じられる気がします。「ジャズオリンパス！」は、そんな「音の粒子」を感じられるような、まさに音がシャワーになったかのような感覚を味わえるお店。ＪＢＬの名機スピーカー「Olympus」が１９５０年代から60年代を中心としたスタンダードなジャズナンバーを奏でます。店主さんいわく「ジャズ喫茶の『導入の店』としてもらって、好きなジャンルができたら巣立ってほしい」とのこと。

照明をおさえたモダンな空間には、向かいの公園の緑がまぶしく差し込んで、光もごちそう。

JAZZ OLYMPUS!

東京都千代田区神田小川町3-24
jazz-olympus.com

［TEL］
03-3259-0055

［営業時間］
平日11：45 〜 16：00
19：00 〜 23：00（バータイム）
土13：00 〜 17：00

［定休日］
日曜／祝日／第一第三土曜

［喫煙／禁煙］
分煙
※デイタイムは禁煙、バータイムは喫煙可

MENU

・ブレンドコーヒー　700円
・赤いチキンカレー（ドリンクセット）1050円〜
・キノコのハヤシライス（ドリンクセット）1050円〜

※セットは平日ランチタイムの価格。バータイムはセットなし

カフェ・ブールマン

（成城学園前）

音楽と空間と珈琲は「酔わせる」装置なのだ。

50年代から現在まで幅広いジャンルのジャズを流す喫茶店。ドイツのレーベル「ＥＣＭ」の楽曲や現代音楽なども多く、いわゆる昔ながらの「ジャズ喫茶」的選曲ではない。音量もほどほど、会話もでき、ジャズ喫茶経験がなくても楽しめます。

エイジングで味わいを増した内装、照明、音響装置の一体感は、建築家らしい、雰囲気にこだわった店主さんの結晶。オールドビーンズを使ったコーヒーや自家製デザートのほか、お酒やおつまみメニューも充実。いい喫茶店の雰囲気のなか、早い時間からアルコールも堪能できるのはうれしい。

夜は、ジャズを中心とした国内ミュージシャンのライブがしばしば開催されています。

CAFE BEULMANS

東京都世田谷区成城6-16-5
カサローザ成城2階
cafebeulmans.com

［TEL］
03-3484-0047

［営業時間］
15：00 〜 19：00
19：00 〜 24：00LO（バータイム）

［定休日］
火曜／日曜
※イベント時のみ営業

［喫煙／禁煙］
禁煙

MENU

・ニレブレンド	650円
・オレグラッセ	700円
・ケーキセット	1100円〜
・ブールマン・スパイシー・ナポリタン	1300円

喫茶「観察」絵日記。

ハプニング編

非日常なことが起こりがちな
場でもある喫茶店。
それは自らに
ふりかかることだって
当然あるのです。

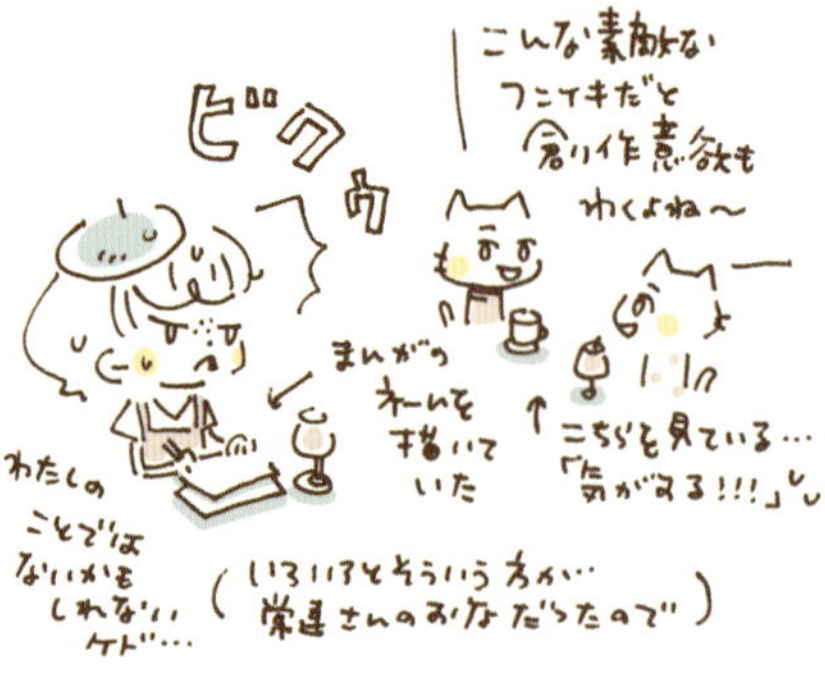

ビクゥ
こんな素敵な
フンイキだと
創作意欲も
わくよね～
まんがの
ネームを
描いていた
こちらを見ている…
「気が散る!!!」し
わたしの
ことでは
ないかも
しれないケド…
(いろいろとそういう方が
常連さんのお店だったので)

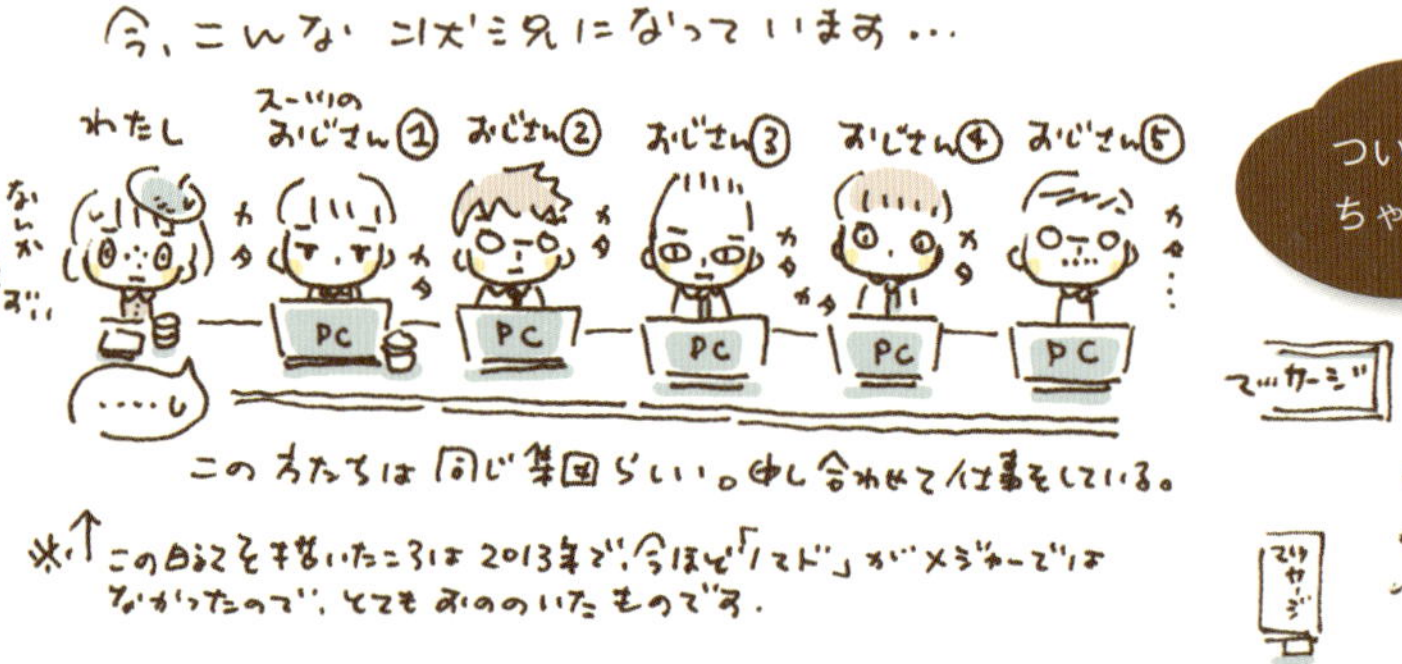

今、こんな状況になっています…
わたし
スーツのおじさん①
おじさん②
おじさん③
おじさん④
おじさん⑤
なんかきまずい
カタ
PC
……
マッサージ
この方たちは同じ集団らしい。申し合わせて仕事をしている。
※↑この日記を描いたころは2013年で、今ほど「ノマド」がメジャーでは
なかったので、とても おののいたものです。

つい数え
ちゃったよ

マッサージ
ニュー
新橋ビル
2Fは
ほとんど
マッサージ店!!!!

すみません、
ヨコで結婚式を
やっていたのですが
タキシードの青年来たる
時間まで
妻とこちらで
待機させて
いただいても
よろしいでしょうか。
うん
いいよ
即答!
ウェディングドレスを着てるのですがし…
新婦さん来たる!!
そして…
白と茶のツートーンの空間に
まばゆい!!

これはちょっと
奇跡みたいな
すてき
ハプニング。

考えすぎないことが
肝要です…

今朝は…
最近よく会いますね♡
今朝は寒くなかったですか？
ショートラテです!!
いやーハハハ…
そうでもないです
みなさん同じくらい会います。
複数の店員さんと世間話を交わすという超高難度なことをしました
全然たいしたうけこたえをしていない
本当はHOTを注文したい体調なのですがHOTは持ち歩きでこぼれやすいので
心の声
言ってないし
最近ずっとアイスラテですねー
…そうですね
あと体調によってチャイを頼むこともあるんだけど
それを伝えるとと心配していただいてしまうので言わないのです…
今朝のス●バ
言いたいことがぐるぐるしてわからなくなりしょうもない返事をしてしまいました。
別にこれで問題ないと思う…
ラテうま
シェケラート。
メチャクチャキメ細かくできました。
ありがとうございまス!!
店員さんのコミュニケーション力の高さでこちらのコミュ力まで引き上げられている…（気がする）
気がするだけ
…

喫茶「観察」絵日記。

きょうのス●バ編

ばつぐんのコミュニケーション
能力の高さを誇る
某コーヒーショップに
毎朝立ち寄っていたころの
日記です。はたして筆者の
コミュ力は向上したのか。

Column

喫茶店は内省空間なのだ。

本書では「建物」「音楽」に特化した章をつくってみました。それは、喫茶店は、メニューを味わうことだけではなくて、その環境を「総合的に」味わうものだと考えているから。

メニューを視覚と味覚、触覚で味わう以外に、店内の内装や照明を視覚で、音楽や店内の話し声を聴覚で。その他、感覚を総動員して、内装や店員さん、お客さんなどから、お店の空気を読んだり味わったり。

味わいとは別に、個人の時間や空間をぜいたくなものにする効果もあります。たとえば、ボリュームの大きな音楽や、空間の高低差、ひかえめな照明などは、パーソナルスペースを広く感じさせる。

似た例として、「茶室」は、余計な情報を減らして、お茶に向き合う場所でした。情報が限られていると、五感はいつもよりも働く。すると、カフェインはより深く沁みて、空間をより強く味わえる。そして、自分の中をいっそう掘り下げるひとときになる。だから、時間も「ゆっくり流れる」。

ということで、建物や音楽という要素は、喫茶店を味わううえではずせないものと考えています。その際、専門的な知識やうんちくがあるかは別の話で、お店の一部として堪能できると、より豊かで「おいしい」ですよ、というはなし。

第7章

新しいのになつかしい
温故知新な喫茶店たち

*

味わいある木の雰囲気、しっくいの壁、
レコードの音、アンティークの小物。
古きよき喫茶店の魂が宿りつつも
新しいセンスでアップデートされたような
バランス感覚ばつぐんのお店たち。

コーヒー＆ロースター2-3（下高井戸）

ゆでタマゴも入ってる
断面
ミートローフ
レタス
玉ねぎ
ケチャップ
自家製ミートローフサンド
アイスウインナーコーヒー
美しい!!
ガーン
おいしいし
雰囲気とてもイイし
良心価格だし
メニューもミリョク…
何度も通うゾ…!!
今風のおなかと思いきやシックでほどよい雰囲気でとてもよいです。
カウンター席とテーブル席のバランスもよいかんじ。
コーヒーアンドロースターツースリー
COFFEE& ROASTER
下高井戸 2-3
…
ムフー
テーブル席でカウンター席のぬすみぎき…
しっとりとした音楽と盗みぎきの贅沢!!
今そこ!
NIGHT & DAY.
琥珀の女王だとおもう!
スキ
お気に入り席。
入り口。
BGMだよ。
カウンターの会話が聞こえる
テーブル2人×4
棚（レコード）
こちら側にカウンター
4人席ひとつ。
コンパクトななかにいろんなすごし方ができる席（とコーヒーなの定番の席）がそろってるかんじ。
焼きカステラ。
自家製のカステラとのこと。
甘みのついたコーヒーにクリームのせ。
+100円でアルコール入りにもしていただける!
外はカリッ 中はもちっ
カリッの部分はカステラのカラメル感がトーストされることで強調されておいしい

なつかしくてあたらしい、街の珈琲店。

店名からは今ドキのコーヒースタンドのような風情を想像するけれど、店内に踏み込んでみれば、古き良き珈琲店の要素と、イマ風カフェの風情とが同居する、そんなバランス感が快適さをうみだしているお店です。

カウンター席、2人掛けのテーブル席、4人掛けのテーブル席があり、お客さんもコンパクトに棲み分けができる。カウンター席とテーブル席の間には棚があり、絶妙な間合いで隔てられているのもありがたい。かつ、「聞き耳派」のわたしには、カウンター席の会話がBGMのように受信できるという良レイアウトです。

メニューはどれも誠実な味で、見た目もよし。ミルクやクリームなどと層になったコーヒーメニューが多いのも好みです。ナポリタンならぬ「ナポリパン」や自家製ミートローフが入った「ミートローフサンド」、「黒ごまトースト」など、トーストやサンドイッチが充実しているのも、喫茶軽食派としてはうれしい。選ぶのに迷ってわたしはいつも長考してしまうのですが、全体に良心価格なので、欲張っていろいろと頼んでしまってもいいかも。

COFFEE & ROASTER 2-3

東京都杉並区下高井戸1-2-14
蒲原ビル1階
coffee2-3.jp

［TEL］
03-3327-9923

［営業時間］
11：30 ～ 20：00
（ラストオーダーは閉店30分前）

［定休日］
月曜
※祝日の場合は翌日火曜

［喫煙／禁煙］
禁煙

MENU

・2-3ブレンド	450円
・ウインナコーヒー	550円
・ナポリパン	460円
・焼きカステラ	310円

お客さんのほどほどのおしゃべりと音楽の主張しすぎないカンジ…

アイスウインナーコーヒー
「ナポリパン」

つまりピザトースト。トマトソースがやさしくて上品な、ナポリタンのような味がする。

おいしーい！

ひそかに激推しな…

くつろぐなぁ…

レキュム・デ・ジュール

（仙川）

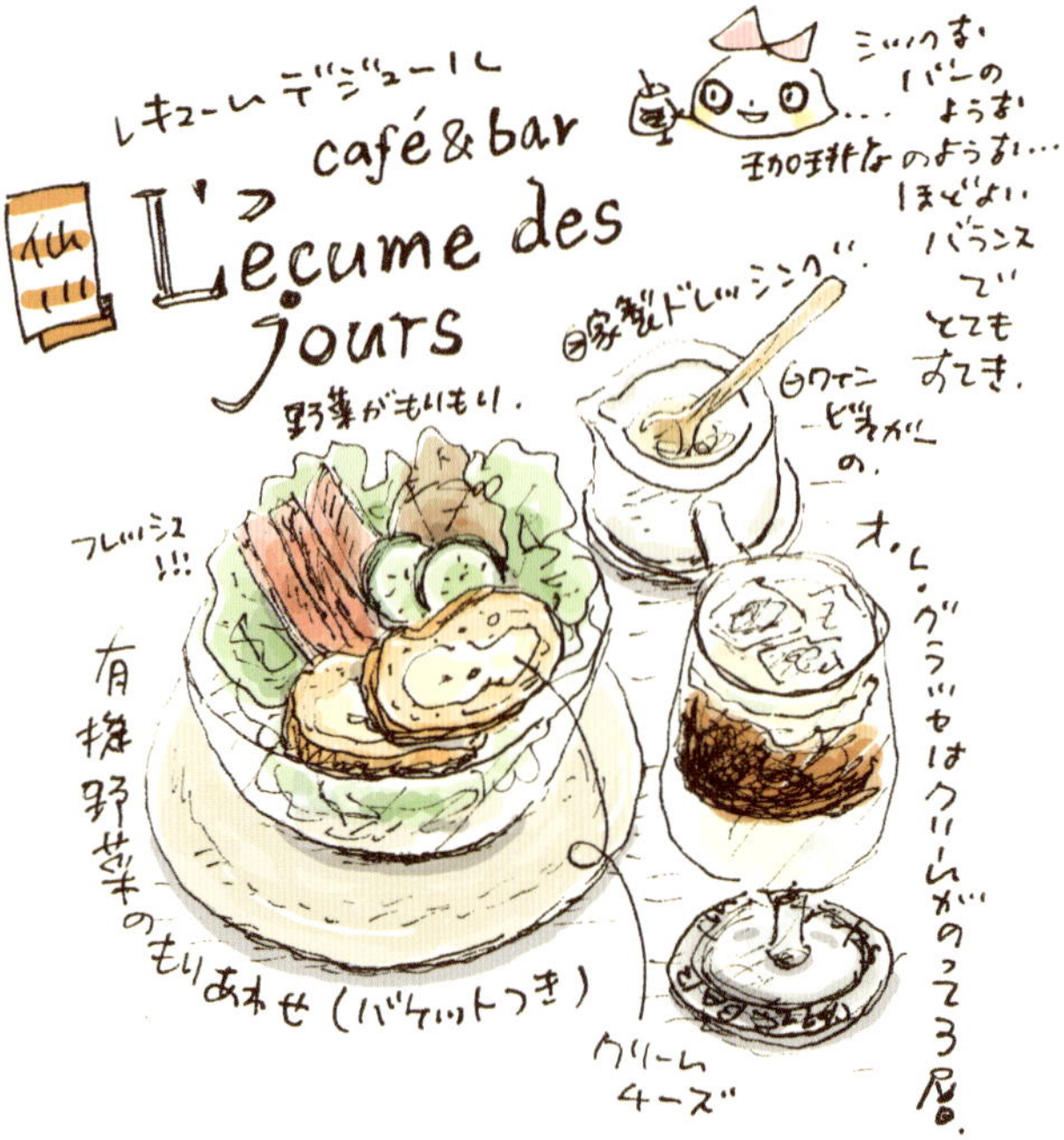

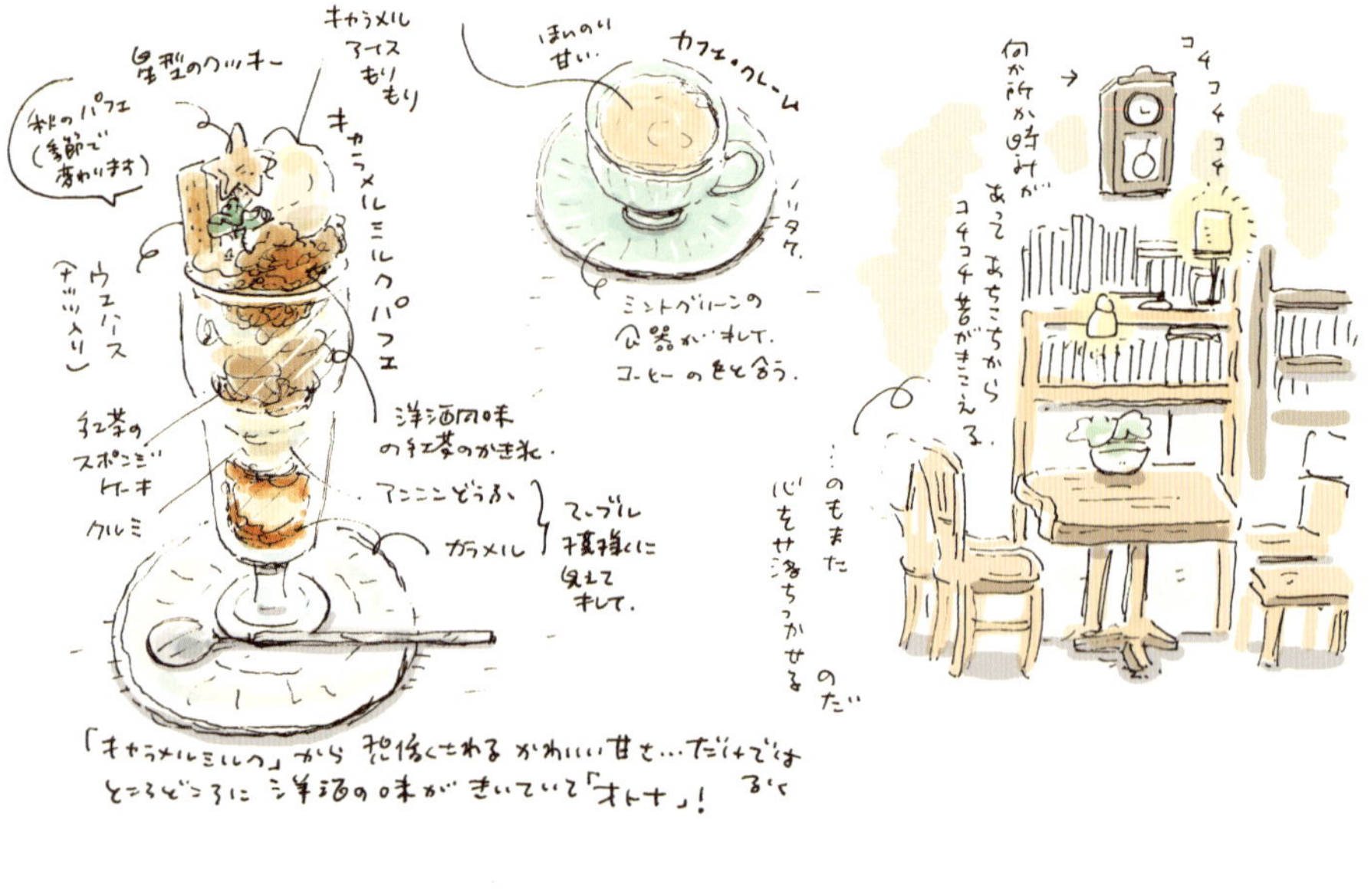

どこまでもひとりになれる陶酔空間。

どのお店にも「お気に席」ができてしまうものですが、この「レキュム・デ・ジュール」では、入り口の壁際の小さなひとり席がお気に入り。孤独を堪能できて、読書や考えごとがはかどるのでした。

照明をおさえた空間はしっとりとした音楽で満ち、本棚にあふれる書物たち、ビンテージ感たっぷりなインテリア、複数ある壁時計のコチコチいう音……など、日ごろのあれこれをやさしく忘却できる環境がそろう。

コーヒーはオールドビーンズをネルドリップした、色気のある味。有機野菜を使った食事や、シックな色調のパフェなど、各メニューにこだわりがきらきらっと宿ります。

店主ご夫妻は下北沢の「カフェ・トロワ・シャンブル」(『東京喫茶帖』掲載)ご出身。クリームが載って三層のオレグラッセや、ザラメがおいしいシナモントーストのほか、カウンターの椅子もまた、譲り受けたものとのこと。

レキュム・デ・ジュールは2007年開店なのにそんな〝新しくも懐かしい〟喫茶店。2018年秋には、同じく仙川の街に〝古い喫茶店の内観を活かした〟分館「喫茶室日々の泡」を開店。温故知新を実践されています。

cafe&bar L'écume des jours

東京都調布市仙川町1-15-4
水清ビル2階200号室
lecume.web.fc2.com/

[TEL]
03-5313-4078

[営業時間]
10：00 ～ 24：00

[定休日]
月曜
※祝日の場合は翌日火曜

[喫煙／禁煙]
喫煙可
※12：00 ～ 14：00は不可

MENU

- ・ブレンド　500円
- ・オレ・グラッセ　600円
- ・自家製ミートソースのスパゲティ　1050円

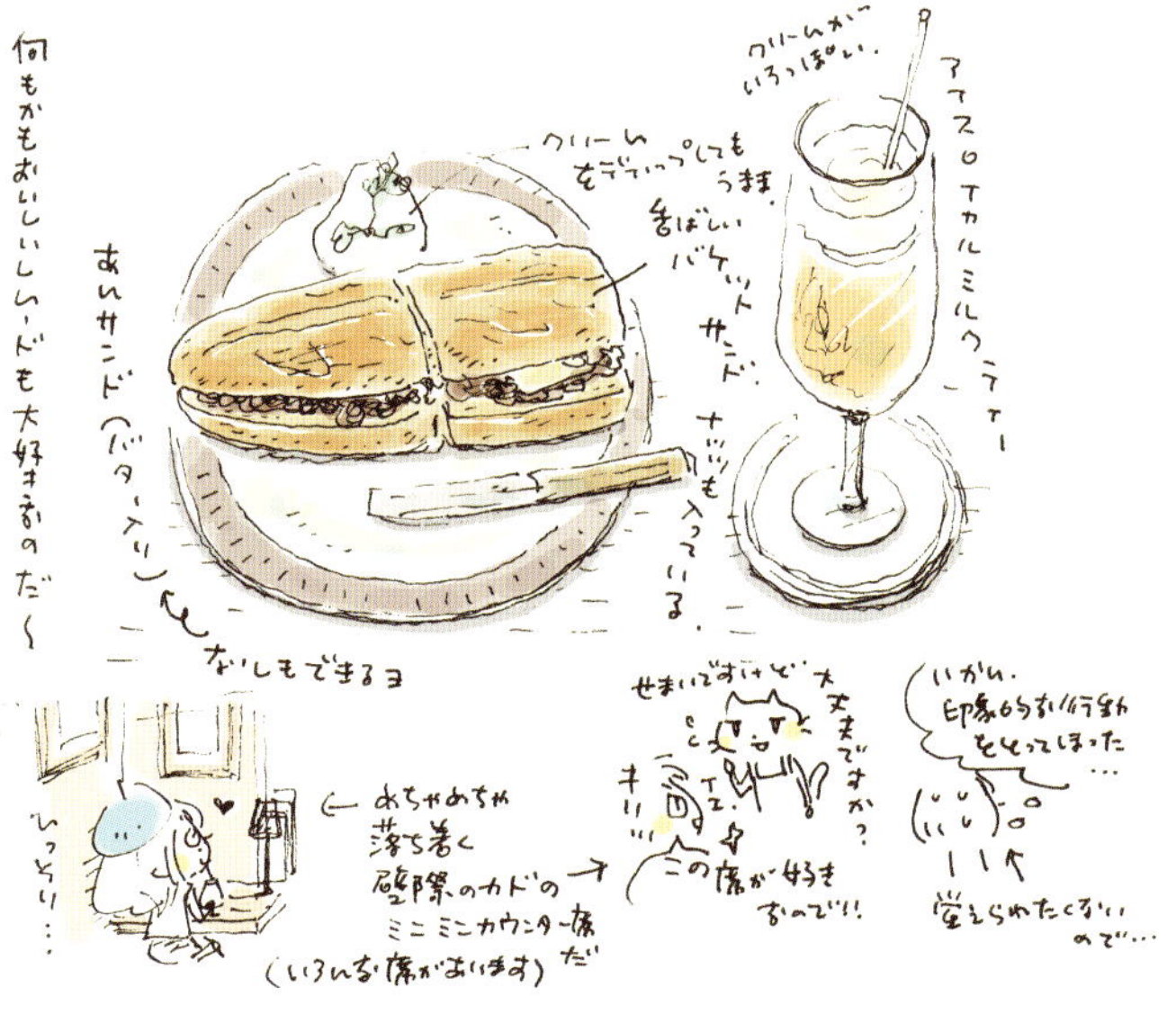

クリームがいろっぽい。
アイスロイカルミルクティー
クリームをディップしてもうまま。
香ばしいバゲットサンド。
ナッツも入っている。
あんサンド(バターアリ)
なしもできるヨ
何もかもおいしいしムードも大好きなのだ～
ひっそり…
←めちゃめちゃ落ち着く壁際のカドのミニミニカウンター席だ
(いろんな席があります)
せまいですけど大丈夫ですか?
この席が好きなので!!
いかん。印象的な行動をとってしまった…
覚えられたくないので…

ローキートーン珈琲店

（祖師ケ谷大蔵）

祖師ケ谷大蔵
ローキートーン コーヒー
LOWKEY TONE COFFEE
カフェオレ。
珈琲豆屋さんの とろけるカフェオレプリン！
やさしい甘さのプリンの上にくだいたコーヒー豆がのっている。
味のコントラストがたまらないのです…!!
めちゃうまです
店の奥のほうにあずまが入っている。
墓地みたくびっちりでトキメク…
豆を買いにくる人もドンドン来る。
その場でばいせんしているのでいい香り

穏やか《ローキー》な空間でやすらぎの一杯を。

コーヒーを焙煎する香りと珈琲店特有の湿気がふわふわとただようなか、お客さんたちが和気あいあいとカウンターにすずなりになる光景。店名「ローキートーン」＝「穏やかな調子」そのままに、包容力あるあたたかなムードが心地よい。

「カフェオレプリン」はミルクのプリンに、砕いたコーヒー豆がトッピングされたもので、口の中で一体化してカフェオレになる……という、ちょっとした発明のようなデザート。甘さと苦さ、やわやわとカリカリという、味と食感のコントラストも、たまらない！

店内菓子店である「キュイドール菓子店」のお菓子も販売しています。

LOWKEYTONE COFFEE

東京都世田谷区砧6-37-6-B
lowkeytone.com

［TEL］
03-3416-0781

［営業時間］
11：00 ～ 19：30

［定休日］
月曜
※祝日の場合は翌日火曜

［喫煙／禁煙］
禁煙

MENU

- ・ブレンド　290円
- ・コーヒー（好きなコーヒーを選んで、挽きたてをハンドドリップ）　390円
- ・珈琲豆屋さんの とろけるカフェオレプリン　410円（真夏はお休み期間）
- ・「キュイドール菓子店」のお菓子たち　178円～

春ヤ昔

（二子玉川）

ゆったり時間が流れる
のどかな喫茶店。

二子玉川の駅前のキラキラ感や喧騒から離れ、うらうらとした地元感ある一角のお店。カウンターのみですが、テーブルはどっしりと奥行きがあって、店主さんのひかえめでやわらかな空気感もあり、落ち着けます。古書が並び、レコードは荘厳なクラシック音楽を奏でている。昔ながらのローカル喫茶店と、異国のカフェのようなシャレたムードとが混じり合うような居心地。

ざくざくとフレッシュな具がはさまった「自家製パテのサンドイッチ」や、鉄板のお皿に薄い卵焼きが敷かれたナポリタンがお気に入り。コーヒーはスペシャリティコーヒー。汗ばむ日はアイスウインナーコーヒーやコーヒーフロートが美味。

コチコチ
コチ…
ぽけー
おちつくハシッコのカウンター席…

二子玉川
春ヤ昔
暑い日はこれだねっ
アイスウインナーコーヒー。
自家製パテのサンドイッチ。
パテ
トマト
レタス
玉ねぎ
具だくさんで ざくざく おいしい！
手づくり感じもより おいしさを強くさせる…
ピクルス。
ポテチ。
カウンター席のみですが、どっしりカウンターで
一席一席の広さがあり、放っておいてくださる
のでひとりになれます。凛とした雰囲気でとてもすてき。

haruyamukashi

東京都世田谷区玉川4-12-15
haruyamukashi303.mond.jp

［TEL］
03-5797-9920

［営業時間］
11：00 ～ 20：00

［定休日］
木曜

［喫煙／禁煙］
喫煙可

MENU

- ブレンドコーヒー　450円
- スペシャリティコーヒー　500円
- サンドイッチ　600円
- デザート　550円～
- ナポリタン　900円

喫茶 居桂詩《こけし》
千歳船橋
グラスにひっかけられる。
コーヒーフロートは
アイスをダブルにできるのだ…!
しかもアイスクリームはキャラメルアイス。
チーズケーキ
ワンポイントにラムレーズン
赤いドットがかわいいお皿。
古い建物を改築した喫茶店。
雨の音がダイレクトにきこえて気持ちがいいです…
ほかのお客さんがたも他の人にキョーミないかんじでよい
ひとりになりやすい空間…
メニューがほうふで悩んじゃうな。
うへー
アイスカフェオレ
こけしモチーフのシロップ入れ
キーマカレー
ピリッとおいしい!!
サラダ
ニンジンサラダ
こけし型のスプーン

喫茶 居《こ》桂《け》詩《し》

（千歳船橋）

kokeshi

東京都世田谷区桜丘2-26-16

［TEL］
03-5477-4533

［営業時間］
平日11：30～22：00
土／日／祝11：30～21：00
（ラストオーダーは閉店30分前）

［定休日］
水曜

［喫煙／禁煙］
分煙

和洋折衷キュートなリノベーションカフェ。

リノベーションカフェでのお気に入りは、とくにひとりになれる感のある「押入れ」を改装した席。時間が濃厚な密度で流れるので、ちょっとした書き物などで集中したいときにぴったり。

築40年の長屋を改築した和風の店内には、こけしのほか日本の古道具が集まっていますが、いっぽうで、ファド（ポルトガルの民族歌謡）が流れ、海外のアンティーク風の食器や、洋風のメニューが揃うなど、和洋折衷な空気感。それぞれの席での個人空間が広く確保できるのも心地よく、みなさん黙々と「マイワールド」に入り込んでいる感じ。

コーヒーフロートのアイス（しかもキャラメル味！）を2玉にできるオプションがお茶目で愛しい。

MENU

・ブレンド	500円
・カフェオレ	600円
・コーヒーフロート	700円
・ブランデーミルクティ	800円
・ニューヨークチーズケーキ	600円
・キーマカレー（サラダ付き）	850円

※ランチ時の価格

眞《ま》踏《ふみ》珈琲店

（神保町）

ひそやかな遊び心が利いた珈琲店。

2016年開店の比較的新しいお店ながら、なつかしい雰囲気をたたえた空間が好ましい。それもそのはず、表参道「蔦珈琲店」（『東京喫茶帖』掲載）で修業を積んだ店主さんのお店なのです。

オーセンティックな珈琲店の風情を持ちつつも、本であふれる屋根裏部屋のような2階の空間や、隠し部屋的なお手洗い、店主さんはSNSを駆使されている……さまざまな隠し味をぴりりと効かせて、ちゃんと現代風にアップデートされた魅力。

カウンターのみの1階と、テーブルでひっそり過ごせる2階とで、気分でくつろぎ方を選べるところもまた、個人的に好きなところです。

ブランエノワール
安定のおいしさ。
とうつくしさ。

神保町
眞踏珈琲店
カレーライス
カフェオレ アイス
ストローなし
ピクルス
チーズがとろけておいしい。
ごはんかためにしていただきました
カレー欲を満たせました。
おちついてすごせる2階がお気に入り。
ベイクドチーズケーキ
岩塩。
本棚いっぱい。
うちあわせにきたよ。
MAFUMI COFFEE
眞
Since 2016

MAFUMI COFFEE

東京都千代田区神田小川町3-1-7
mafumicoffee.html.xdomain.jp

［TEL］
03-6873-9351

［営業時間］
月～土11：00～23：00
日／祝12：00～21：00

［定休日］
なし

［喫煙／禁煙］
分煙
※1階：喫煙可、2階：禁煙

MENU

・コーヒー	700円
・デミタスコーヒー	800円
・ブラン・エ・ノワール	800円
・トレ・フォルマッジオ（コーヒー付き）	1050円
・カレーライス（コーヒー付き）	1300円

Column

「なつかしさ」って何なのか。

喫茶店のブームには、そもそも「レトロさ」「なつかしさ」が流行しているという背景が大きいと思います。でも、なつかしさって？

ひとくくりに「レトロ」と呼んだとしても、実際はいろいろな時代の建物やインテリアがあるはずです。また、つくりものの「レトロ風」にも、ちゃんとなつかしい感覚を抱いたりする。

思い出の中にあったものを見かけると、ホッとしたり、胸がいっぱいになることって、あると思います。でもどうして、まだ生まれていなかったころのものまで、なつかしく感じるのでしょうか。たとえば、今の流行りの雰囲気だって、10年20年経てば、なつかしくなるのでしょうか。

おそらくひとつの答えとしては、喫茶店が数多くできた黄金の時代、1960〜70年代に流行った建物のつくりやインテリア、おもてなしのスタイルなどが、今の人たちにとって（それを経験してもしていなくても）、温かみを感じるものなのではないかということ。

本書の7章で取り上げたような、「できた時期が新しいのに、なつかしさを感じる」お店はそういったことについて考えるいい例だと思っています。

わたしが喫茶店に求めているのは必ずしも「なつかしさ」ではなく、「ぶらぶら訪問していい」とか「何もせず過ごして許される」とか、そういった「ゆるさ」なのですが、古き良き喫茶店の魂を持つお店は、そういった「ゆるい場」としての力も強いのです。

第8章

ここちよい茶話を楽しめる
紅茶専門店

*

複数人で会話に興じるもよし
ふたりで時間を共有してもよし
ひとりでほっと癒されるのもよし
紅茶のもつ、包み込むような香りと味で
スペシャルな時間を。

ラ・パレット（下北沢）

ミルクを入れて。
チキンのマヨサラダ。
タマゴサラダとコンビーフ。
ミニデリプレート
ピクルス
フレンチスパイスティー。
夏はスパイスティー！
いや、秋も冬も飲むけれど…
とくに夏に効く気がするの。
つかれた脳にキてるぜ…
スコーン。
バター。（パセリ入り）

下北沢
ラパレット
ミルク
ウバ
3杯分くらい。
のみものは別にたのみ。
ティーフォーワン
ひとり用アフタヌーンティー！
スコーン1コ
パストラミとキュウリのサンドイッチ 4
おこのみのケーキ。
その日にショーケースにあるもの
今日はあずきチーズケーキ！！
ホイップクリーム（ジャムもつけられます）
ひとくちごとに生き返る至福のティータイムだ!!!

さわやか空間で、多幸感あるティータイムを。

どんなに落ち込んでいるときでも、じわじわとリフレッシュでき、覇気を「チャージ」できる紅茶専門店。

ほんのりカントリー調で懐かしい雰囲気の空間に、窓からいっぱいに差し込む光、ニコニコきびきびと働くやさしい店員さん方、誠実なおいしさいっぱいの紅茶やフードたち。

お気に入りは「フレッシュスパイスティー」。覚醒感ある濃厚な紅茶にしっかりスパイス。ミルクを入れるとなおおいしい。夏の疲れに効く……と思ってチャイのような気分で頼みはじめましたが（チャイもメニューにありますが）、あまりにお気に入りになりすぎて、オールシーズン頼んでしまっている紅茶です。

ひとりで楽しめるアフタヌーンティ「ティーフォーワン」（ふたり用「ティーフォーツー」もあり）があるのもすてきなところ。サンドイッチにスコーンひとつ、お好みのケーキという組み合わせで、ワンプレートでもしっかりアフタヌーンティしているニクイメニュー。

なにもかもが、ひとくちごとに体にしみいるような、多幸感あるティータイムを、ぜひ。

La Palette

東京都世田谷区北沢2-30-3
サンセルボンビル2階

［TEL］
03-3465-0740

［営業時間］
11：00 ～ 19：00
（ラストオーダーは閉店30分前）

［定休日］
月曜
※祝日の場合は翌火曜

［喫煙／禁煙］
禁煙

MENU

- 紅茶（ポットティー） 594円～
- スコーン2個（ジャムホイップ付き）545円
- ティーフォーワン 1030円

ポットで。
今日の紅茶はディンブラ。
新玉ねぎとさくらエビのサラダ
あいかわらずなにもかもが美味しい…
ミルク寒天。
とうふと明太子、菜の花のキッシュ。

サモアール
馬車道店
（馬車道）

馬車道
SAMOVAR
サモアール
紅茶専門店な。
クラシックなホテルのラウンジみたいな内装がすてき。
すごくおいしい！
ほうれん草のオムライス。
セットになるヨ。
アイスロイヤルミルクティー
来てすぐの、ミルクと紅茶の混じりあうようすが美しい！
大理石のようだ
中のライスもベーコンのうまみがすごい。
全体にほうれん草が混ざったタマゴ。
ケチャップの酸味が強くておいしい！
カウンターもおもむきがあってしぶカッコイイ!!

SAMOVAR

神奈川県横浜市中区弁天通4-67-1
馬車道スクエアビル1階
www.samovar.co.jp

［TEL］
045-201-3050

［営業時間］
11：00～22：00
（ラストオーダーは閉店30分前）

［定休日］
なし

［喫煙／禁煙］
分煙

MENU

・ホットティ　600円～
・セイロンミルクティ　650円
・パキスタンティ　700円
・各種オムライス　950円
+ドリンクセット
（ロイヤルミルクティ付き）
1400円

※横浜相鉄ジョイナス本店もあり

横浜の歴史香る「馬車道」の老舗紅茶店。

1974年に創業した、横浜では初の紅茶専門店。昔のホテルのラウンジのような、〝在りし日の近未来〟のような、ミッドセンチュリーな空間。

オムライスは、全体にガーリックが効いた、やみつき感あるおいしさ。一度食べると忘れられないメニューのひとつです。セットになる「アイスロイヤルミルクティー」も定番で、大きなグラスに入ったたっぷり加減と、紅茶とミルクが混じりあう過程の大理石的なうつくしさ、甘さと濃厚さで疲れがとれる感じ！　完璧な組み合わせ。

お客さんがたも「ハマ」らしく、小粋な大人の空気をそれぞれに醸し出されていて、そんな店内の風景もまた、心躍ります。

ティーハウス マユール
宮崎台店（宮崎台）

茶葉の味と香りが活きた「紅茶かき氷」を。

かき氷も楽しめる紅茶専門店。推奨したいのは、紅茶とかき氷とを交互にいただくこと。鮮烈な味の紅茶は心地よい熱さ、かき氷は冷たすぎずフワフワで、お互いのおいしさを高めあう感じ。

かき氷は「ミルクティー」「マサラチャイ」「タピオカミルクティー」など、紅茶メニューが充実。茶葉の味と香りがする、甘すぎない大人のかき氷です。ストレートティーのかき氷に添えられた練乳をかければ、ミルクティーなかき氷に。段階的に楽しめるニクイ紅茶デザートなのでした。

かつてメニューにあった、サラサラなインドカレーもまた、紅茶とかき氷との相性バツグンだったので、ひそかに復活を望んでいます。

宮崎台
Tea House Mayoor
ミントチャイ
チャイも種類ほうふ
フワフワであまり冷えない
あつあつ!!!
冷たいかき氷とあつあつの紅茶のギャップがまたおいしい!!
練乳のシロップ
かけていただくとミルクティーのかき氷のような…になる。
…をブレンドしたシロップ
淡いけど甘さがおいしい!!
紅茶のかき氷は
ほかにもチャイのかき氷もある。
交互にいただくのがオススメ!!

Tea House Mayoor

神奈川県川崎市宮前区宮崎2-3-12
宮崎台ルビナス103
www.mayoor-tea.com

［営業時間］
平日11：00～17：00
土／日／祝11：00～16：30
（ラストオーダーは閉店30分前）

［定休日］
不定休

［喫煙／禁煙］
禁煙

MENU
- 各種紅茶（ポットサービス） 650円～
- 各種チャイ 630円～
- 紅茶のかき氷各種 800円～
- かき氷（いちごみるく） 850円

リリベット

（池尻大橋）

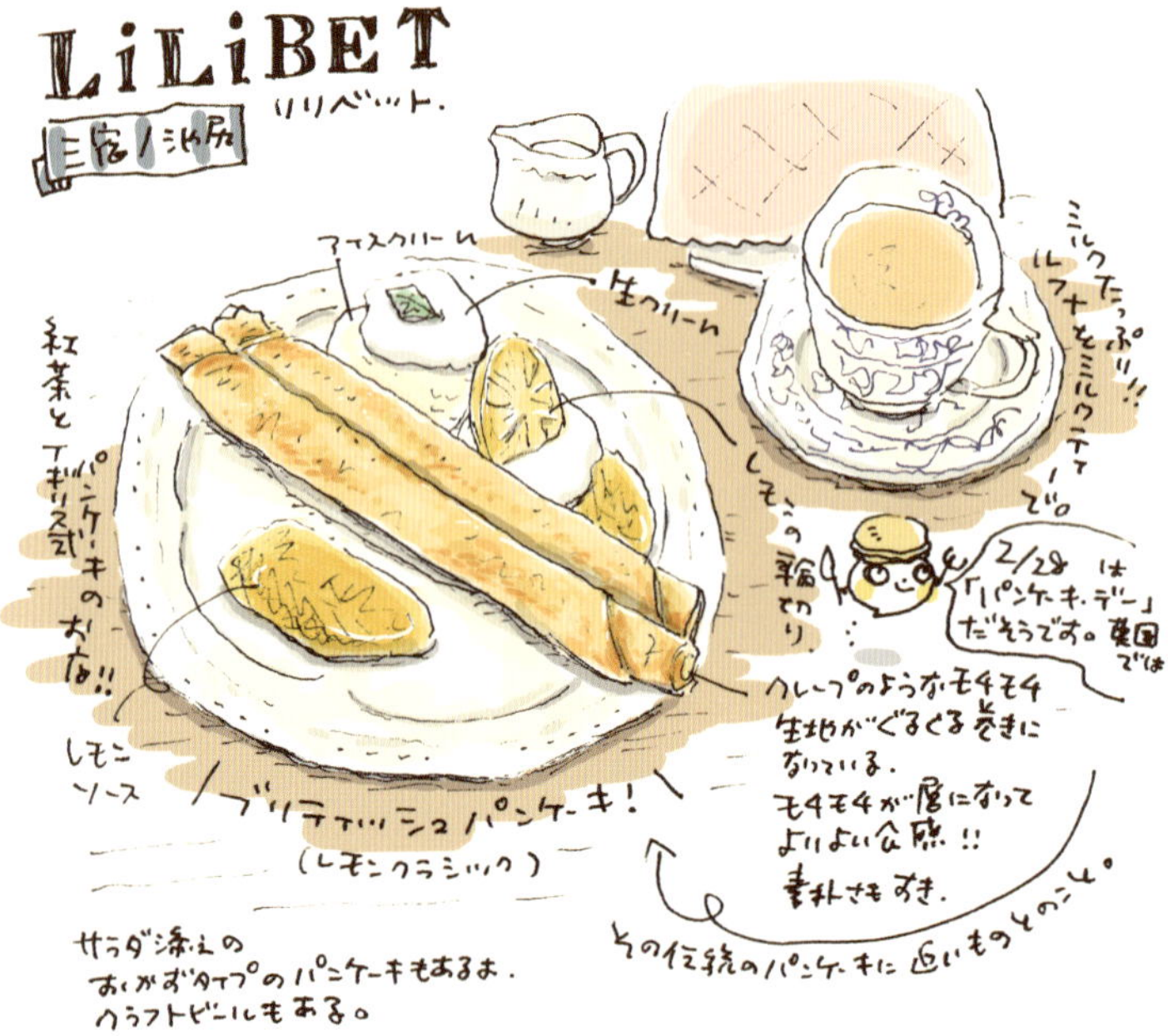
LiLiBET
リリベット。
三宿ノ池尻
アイスクリーム
生クリーム
ミルクたっぷり!! ルフナをミルクティーで。
紅茶とイギリス式パンケーキのお店!!
レモンの輪切り
2/28は「パンケーキ・デー」だそうです。英国では…
クレープのようなモチモチ生地がぐるぐる巻きになっている。
モチモチが層になってよりよい食感!!
素朴さもすき。
その伝統のパンケーキに近いものとのこと。
レモンソース
ブリティッシュパンケーキ!
（レモンクラシック）
サラダ添えのおかずタイプのパンケーキもあるよ。
クラフトビールもある。

もちもち英国風パンケーキをたっぷり紅茶で。

ブリティッシュパンケーキとは、クレープのような薄い生地をくるくると巻いたイギリスのおやつ。生地が層になることで倍増したもちもち食感がたまりません。わたしはノーマルなパンケーキよりも好き！　甘い版とおかず版があるところは、一般的なパンケーキと同じで、うれしい。

店内は、アンティーク風の落ち着いたムードで、紅茶のお店にありがちな「かわいらしさ」に抵抗がある人にも入りやすそう。Wi-Fiがあり、席によっては電源があるのも今どきな感覚で好感度大。紅茶の量が4杯（注ぎ方によっては5杯にもなるかも……）とかなりたっぷりめなのもよいところ。茶話がぐいぐいはずみます。

LiLiBET

東京都世田谷区池尻2-36-5
www.lilibet-cafe.com/

［TEL］
03-6805-3349

［営業時間］
9：30～19：30

［定休日］
火曜

［喫煙／禁煙］
禁煙

MENU

- ストレートティー　600円～（ミルクはプラス100円）
- ブリティッシュパンケーキ　800円～
- リリベットサラダプレート（ブリティッシュパンケーキ1枚付き）　1300円
- スパイスキャロットケーキ　550円

8jours《エイトジュール》（下北沢）

物語を味わっていくような紅茶のフルコース。

デザートと一緒に楽しむ紅茶はすっきりとアイスがよいけれど、食後はホットをゆったり楽しみたい……みたいなことってあるものです。そんなかゆいところに手が届く、「紅茶づくし」のコースを堪能できる紅茶専門店。

コースの内訳は、メインの紅茶デザートを選び、「食前」と「食後」の紅茶を選ぶというもの。定番メニューのほか、毎月「8日」からはじまる月替わりのデザートもあり。季節のフルーツや、チョコやミントなどのフレーバー、「パリ」などのイメージのテーマのことも。

明るくキュートな雰囲気なので、従来の紅茶店に敷居の高さを感じる人にも入りやすいはず。

8jours

東京都世田谷区北沢2-37-17 1階
8jours.jimdo.com

［TEL］
03-6804-9192

［営業時間］
平日9：08～20：08
土／日9：08～18：08
（ラストオーダーは閉店38分前、食事は1時間8分前）

［定休日］
木曜

［喫煙／禁煙］
禁煙

MENU

- 各種ロイヤルミルティー 680円～
- おやつのミルクティー 680円～
- アールグレイのミルクレープパンケーキ 1680円
- 季節のパルフェ 1580円～

（セットメニューには食前、食後に紅茶付き）

※川越店もあり

西荻窪カフェ歩きMAP

新旧のカルチャーなお店が点在し
散策しがいのある街、西荻窪。
ここでは、喫茶店を中心としつつ、
本書をお手に取ってくださる方におすすめしたい
スポットをピックアップしてみました。

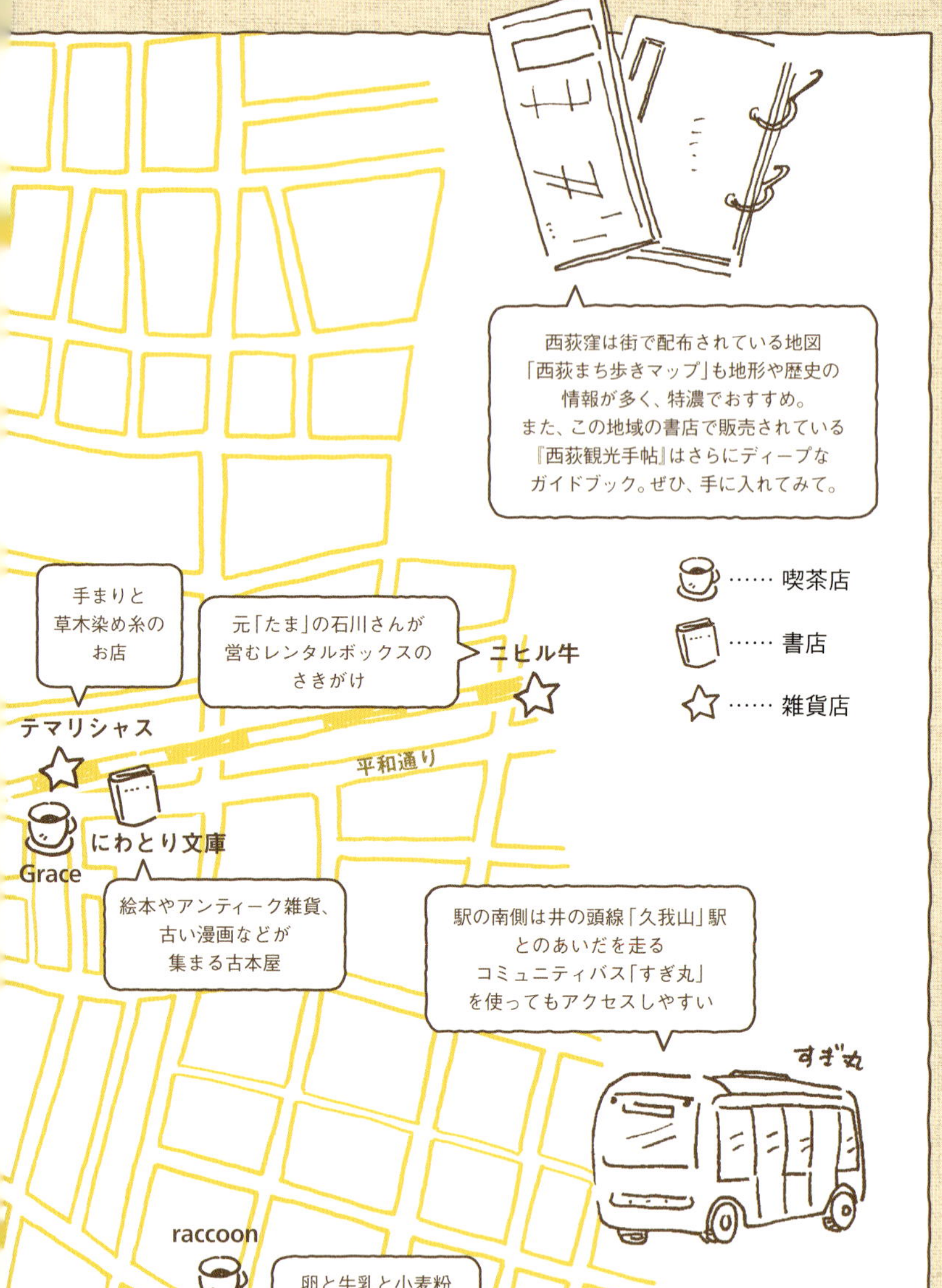

西荻窪は街で配布されている地図「西荻まち歩きマップ」も地形や歴史の情報が多く、特濃でおすすめ。また、この地域の書店で販売されている『西荻観光手帖』はさらにディープなガイドブック。ぜひ、手に入れてみて。
……喫茶店
……書店
……雑貨店
手まりと草木染め糸のお店
テマリシャス
元「たま」の石川さんが営むレンタルボックスのさきがけ
ニヒル牛
平和通り
にわとり文庫
Grace
絵本やアンティーク雑貨、古い漫画などが集まる古本屋
駅の南側は井の頭線「久我山」駅とのあいだを走るコミュニティバス「すぎ丸」を使ってもアクセスしやすい
すぎ丸
raccoon
卵と牛乳と小麦粉を使わないお菓子のカフェ
trim

西荻窪カフェ歩きMAP

Column

ひとり喫茶とふたり喫茶。

わたしはひとりで喫茶に行くことが多いのですが、ひとり喫茶とふたり喫茶とは、ぜんぜん違う楽しみだなあとしみじみ思っています。

　ひとり喫茶は、考えごとや読書など、自分に向き合う時間です。ほかの場所で同じことをするよりも深く、入り込める気がする。また、お店の内装やインテリアやメニューなどから、偏在する店主さんの気配を感じて味わう……という、間接的なコミュニケーションをとっている時間、でもある。

　ふたり喫茶は、同性とであれ異性とであれ身内とであれ、わたしは「デート」と思っていまして。なので、事前にその相手と行ってみたシミュレーションをしたりします。この人と、これを一緒に飲んだり食べたりしてみたいな〜という妄想も、楽しい。相手にあわせたおしゃれもします。そして実際、ほかの状況で会話をするよりも、ふたり喫茶は思わぬ方向に話がはずんだりするものなのです。

　ところで、わたしが誰かと喫茶するときは、紅茶のお店を選ぶことが多い。それは、なんとなくわたしが思っているところの、コーヒーと紅茶の「効き方」の違いに理由があります。

　わたしは「カフェインは内省ツール」「アルコールはコミュニケーションツール」と考えているのですが、紅茶には、コミュニケーションを加速させる力があるというところが、アルコール的な側面だなと思っていて。そういう意味でも、紅茶のお店は「デート」向きだなあと思います。

第9章

本と珈琲とのマリアージュ。
読書に向くカフェたち

*

読書は喫茶店の定番。
本を読む以外にも、書き物や考えごとなど
文化系な環境がととのったオアシスへようこそ。

カフェマメヒコ 公園通り店（渋谷）

あんこトッピング
トースト 円パン 全粒粉
アイスオレ いつもこれにしてしまう…
甘さ控えめの
モチモチみっちり
Mame-Hico
渋谷
公園通りな

季節限定
フルーツサンド
宝石のようでキレイ！
コーヒー
パンのやわらかさとの食感のコントラストもよい。
フルーツのかたまりが大きいのでひとつひとつを味わっていくかんじ。
ふしぎとひとりになれる。店内中央にはどのお店にも大きなどっしりしたカウンター
なんとなんと、これほどにシックな雰囲気なのにコピー機があって使えるのだ。
コピー機。
もちろん電源もある。
軽作業もしやすいし通いつめてしまいそう…
仕事をしている人も自然になじむ
季節の植物とのこと。
新芽が…芽ぶいた枝がさわやか。
いいなァ、この環境ならお仕事はかどりそう…

清濁併せのむ都心のアジール。

読書はもちろん、お仕事にも向くお店。一般的にワーキングスペースというと、白くて明るい、無機的な空間をイメージしてしまいますが、「カフェ マメヒコ」は、家具職人がデザインしたという奥行きある無垢の木のテーブルに、ほんのりアイボリーで目にやさしいしっくい風の内装など、古き良き珈琲店らしい有機的な空間。

「昔の喫茶店では読書や書き物などの作業はごくふつうのことであり、今のそういった作業はパソコンでのものになっているから」と、いわゆる「ノマドワーキング」自体がお店から許容されていて、内装に自然に組み込まれた、さりげない電源やコピー機の存在がそのことを裏付けています。昔ながらの喫茶店らしい「味わい」や「人間味」を感じるムードのなか、堂々とお仕事していいなんて、驚異的！

メニュー表のキャプションの愛らしさも目においしく、読み物のように楽しめます。やわらかくお茶目な文体で、コーヒーも紅茶も軽食も、どんな内容でどんな味わいなのかが想像できてしまう、巧みなテキスト。

古き良き喫茶店をいい具合にアップデートしたようなバランス感覚がすばらしいお店です。

Cafe Mame-Hico

東京都渋谷区神南1-20-11
造園会館2階
mamehico.com

［TEL］
03-6455-1475

［営業時間］
9：00～22：00

［定休日］
火曜

［喫煙／禁煙］
禁煙

MENU

・深煎り珈琲	648円
・アイコ	680円
・アイオレ	842円
・マメピコ	702円
・独創紅茶	788円
・円パン	518円

※三軒茶屋本店もあり

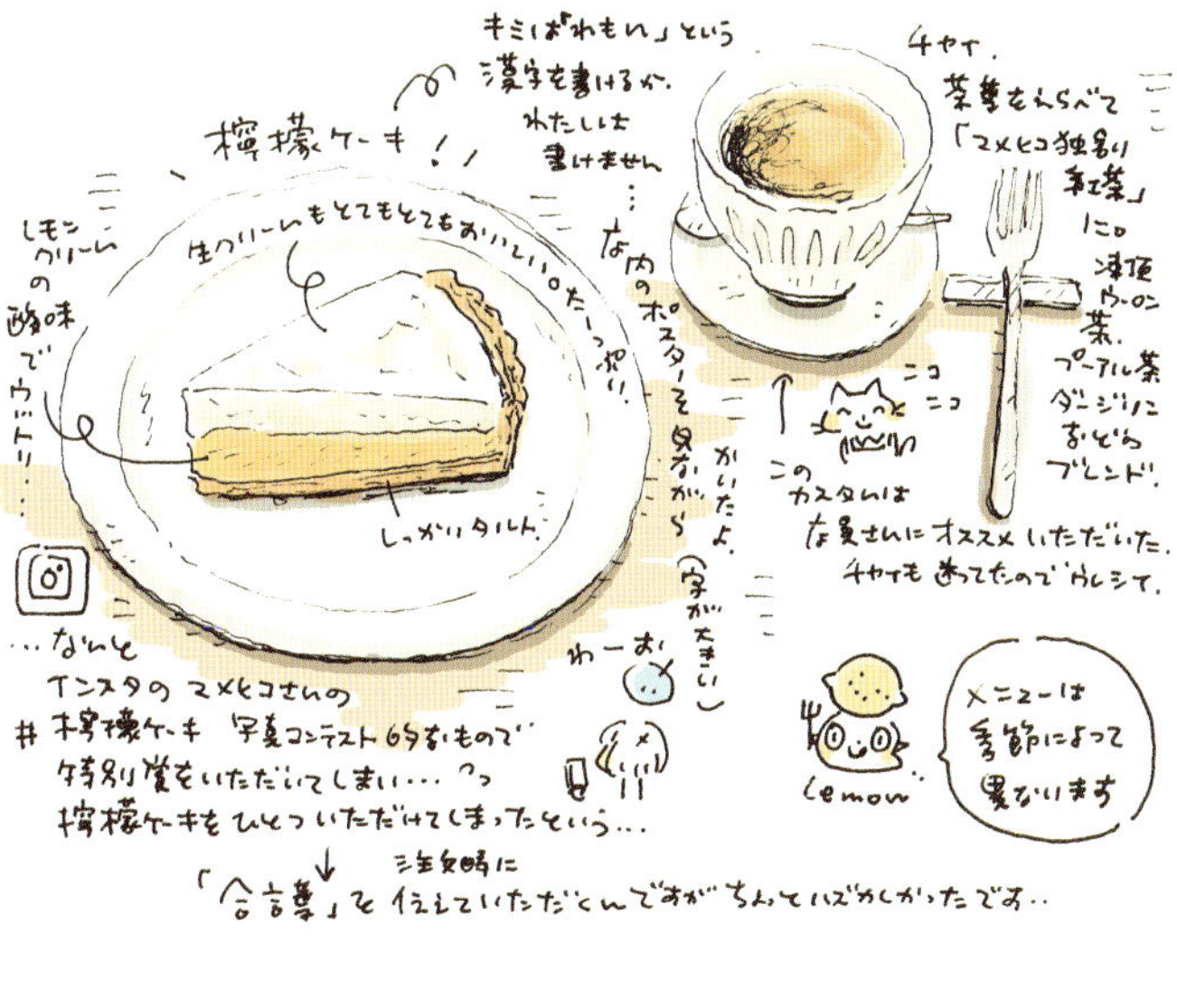

檸檬ケーキ！！
キミは「れもん」という漢字を書けるか。わたしは書けません…
生クリームもとてもとてもおいしい。たーっぷり！
レモンクリームの酸味でウットリ…
しっかりタルト。
店内のポスターを見ながらかいたよ。（字が大きい）
チャイ。
茶葉をならべて「マメヒコ独創紅茶」に。凍頂ウーロン茶、プーアル茶、ダージリンなどのブレンド。
ニコニコ
このカスタムはお店さんにオススメいただいた。チャイも迷ってたのでウレシイ。
…なんと インスタのマメヒコさんの #檸檬ケーキ 写真コンテスト的なもので特別賞をいただいてしまい…檸檬ケーキをひとついただけてしまったという…
わーお
lemon
メニューは季節によって異なります
「合言葉」を伝えていただくんですがちょっとはずかしかったです…
注文時に

フヅクエ
（初台）

fuzkue
初台
ロックアイス
アイスカフェオレ 深いりで ステキで。
2人でも 会話ナシ なら OK.
会話禁止 ひとりユース 推奨のおみせ
ピクルス
オムレツのサンドイッチ。
キンチョーしない！ 居心地とてもよいです!!!
うふふ…
オムレツ、マヨネーズ、玉ねぎのマリネ。
メニュー兼 お店の方による このお店のコンセプトが 10ページ以上にわたって かかれたもの。
メニュー代以外に場所代が必要なのですが 多く注文するほど場所代が減るというしくみ。
つまり長居推奨ということ
お店の人ってこういうことを考えてるんだな〜ということがわかって興味深くたのしく読みました。
（ふつうは察するのみなので…）

インテリゲンチャの合法的ひきこもり。

会話NGのひとり用カフェバー。わたしは、このお店の説明書のようなメニュー表に目を通すのが好き。このお店でのルールが、語り掛けるような文体で、細かに説明されている。いつもなら、こちらから「察する」ことしかなかった「あちら側」（店員さん）の考えていること、気持ちなどをのぞくことができるような。答えあわせをしているような、ちょっと不思議なおもしろさ。

ルールが設定されているからといって、特別に緊張するようなお店ということでは決してなくて。むしろ、ほかのお店では空気を読みつつそれでも「これでよかったかな」とどぎまぎしがちなこと……滞在時間、お店で何までならやってOKなのか、時間あたりどこまで注文すべきか……などなどが、すべて「明文化されている」からこその、気兼ねのないカフェタイムを満喫できるのです。

これらのコンセプトは、お店のサイトでもちらりと語られているので、のぞいてみてから出向くのがおすすめ。

ノイズの少ない環境と、何もかも許されている感じ、コーヒーも紅茶もごはんもおいしい。お酒メニューも豊富なので、夜に来ればまた新しい楽しみが広がります。

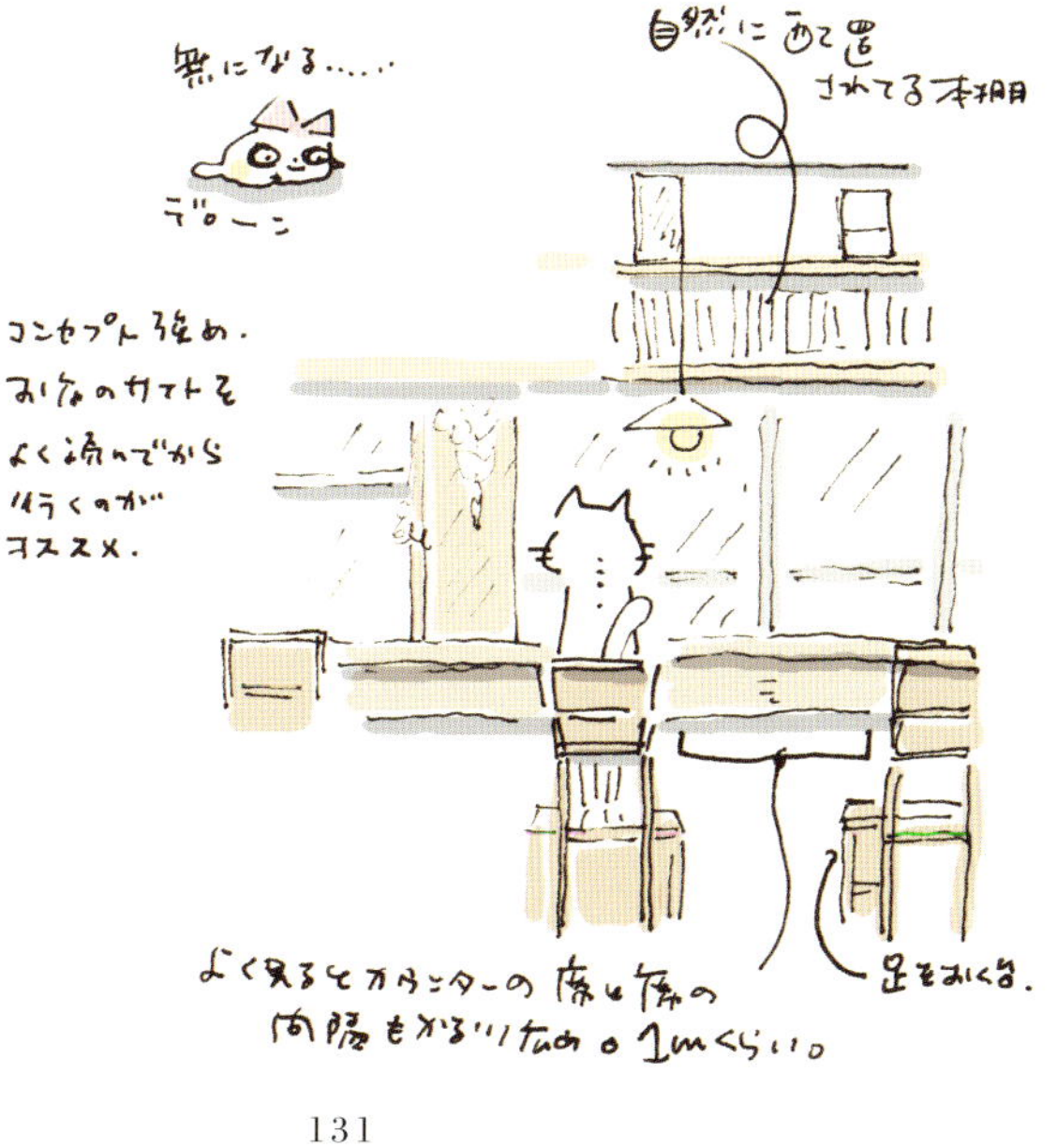

気になる……
ゴローン
自然に配置されてる本棚
コンセプト強め。お店のサイトをよく読んでから行くのがオススメ。
よく見るとカウンターの席と席の間隔もかなり広め。1mくらい。
足をおく台。

fuzkue

東京都渋谷区初台1-38-10
二名ビル2階
www.fuzkue.com

［営業時間］
12：00～24：00

［定休日］
不定休

［喫煙／禁煙］
禁煙

MENU

- 野菜中心の定食　1000円
- 鶏ハムのサンドイッチ　800円
- チーズケーキ　500円
- そのときどきのコーヒー　700円
- お茶あれこれ　750円～

※お席料金制のため、オーダー内容によって価格が変動

文房堂ギャラリーカフェ（神保町）

Bumpodo Gallery Cafe

東京都千代田区神田神保町1-21-1
www.bumpodo.co.jp

［TEL］
03-3291-3441

［営業時間］
11：00 ～ 19：30
（ラストオーダーは閉店30分前）

［定休日］
年末年始

［喫煙／禁煙］
禁煙

MENU

- 文房堂オリジナルブレンドホット珈琲　480円
- ウインナー珈琲　650円
- 珈琲フロート　580円
- 文房ドッグ　680円
- 文房堂オリジナルケーキ　600円

すずらん通りを望む画材店カフェ。

都会の画材店や文具店は、内装や陳列の無機的さやピカピカ感が、ときに息苦しいこともあって、その点、「文房堂」は神保町らしく情緒ある建物に、抑制された照明、海外の雑貨なども並ぶ知的で品のよい売り場、壁には絵画教室のお知らせが貼れている……という、学生時代のわたしにとって、しっくりときすぎる画材店だったのでした。

ビルの3階には、2016年オープンながら、昔から存在していたかのような、趣きあるカフェ。窓辺のカウンター席は、古い建物の窓枠が活かされていて、すずらん通りを展望できる贅沢ロケーション。メニューもイマジネーションを喚起するようなものが多くて、画材店らしさを感じます。

ブラウンズブックスカフェ（下北沢）

週末だけ現れる、ひみつのブックカフェ。

蔵書をよんでみる。
自然なかんじで
読書ができてヨシ

ビル上階の眺めのよいこの空間は、平日は雑誌「バァフアウト！」編集部として稼働し、土日だけカフェに変身。蔵書に、「バァフアウト！」のバックナンバーのほか、音楽や映画、古典芸能といった幅広い芸能の本が多いのも納得です。

静かに本を読んだり仕事をするお客さんに囲まれて、みなマイペースに過ごす空気が落ち着く空間。読書やちょっとした仕事がはかどります。

もちもちおいしいホットサンドは、甘いものと、塩気のあるものとがあってうれしい。ノンカフェインドリンクの選択肢が多いのも特徴的。

大相撲の期間は、店内のテレビで相撲がさりげなく流れる「大相撲カフェ」として営業。

Brown's Books & Cafe
土日だけのブックカフェ。
下北沢
コーヒー牛乳
あんバターホットサンド。
これは違うけど、飲みものにノンカフェインのものが多いのもポイント。ハーブティなど。
ホットサンドは6種類
甘いのもしょっぱいのも。
ライ麦パンをプレスして
こういうかたちにしているとのこと。
イングリッシュマフィンかと思った…
バターを吸ってもちもち！

テレビですもうが流れてる。
ここで働くの、カフェで仕事してるみたいでいいな…
芸能・音楽関係の本がいっぱい。
平日は「バァフアウト！」編集部
週末はカフェとのこと。おもしろーい！

Brown's Books & Cafe

東京都世田谷区代沢5-32-13 5階
www.facebook.com/brownsbooksandcafe

［TEL］
03-6805-2640

［営業時間］
土／日13：00～20：00

［定休日］
平日

［喫煙／禁煙］
禁煙

MENU

- ブレンドコーヒー　520円
- アイスジャスミンティー　520円
- 各種ノンカフェインティー（ルイボス、ハニーブッシュ、ベンガルスパイス…,etc.）
- 各種ホットサンド　330円～
- ビール　520円～

アール座読書館
（高円寺）

高円寺
会話禁止のおみせ
R座読書館
アール
みんなの文章も字もうまい。
この席に座った人たちの考えてたことのメモ帳を読むのがすごくたのしい。
みなさんのメモ帳。とてもいい…いろんなこと考えてるんだなぁ。
全体に植栽が多くて緑と本とオブジェにうもれているような感じ。
いい…
アールグレイ・ショコラ
その名の通り。絶妙なアールグレイとココア味。このムードに合ってる。
水槽の席。
一方向だけに向いたひとり用座席はすきよ。
水そう

R-books

東京都杉並区高円寺南3-57-6 2階

[TEL]
03-3312-7941

[営業時間]
平日13：30～22：30
土／日／祝12：00～22：30
(ラストオーダーは閉店30分前)

[定休日]
月曜
※祝日の場合は、翌日火曜

[喫煙／禁煙]
禁煙
※簡易的な喫煙コーナーあり

MENU

・コーヒー	680円
・アイス・オレ	680円
・アールグレイ・クラシック	680円
・ブラウニー	220円
・クッキー盛り合わせ	320円

静けさがうむ、深く豊かなひとりの時間。

会話禁止のお店。座席は同じ方向を向いていて、昔の電車のボックス席のような風情。それぞれの座席には箱庭的なテーマが設けられていて、イマジネーションの世界へと誘ってくれるよう。

わたしが好きなのは、これまでその席に座った人たちが記したメモ帳。みんな、こんなことを考えているんだなぁということが集まった地層のような読み物で、客観的で静かな心持ちにさせてくれるアイテムのひとつです。

静かでフワフワとした音楽、お客さんが本のページをめくる音、水槽のぽこぽこいう音なども また、しっとりと心を落ち着かせて、深く深くひとりになれます。まさに「静寂はごちそう」。

Column

写真に映えさせることに思うこと。

いわゆる「インスタ映え」について書いてほしい、という編集者さんからの要望があったのですが、正直、わたしはそんなに批判的に思ってません。もちろん、食事なり旅行なり、イベントそのものや相手と一緒に過ごすことを楽しむのをおざなりにしてしまうと本末転倒、とは思っています。

わたしが絵を描くのは、喫茶店という場所には「アナログ」な行為のほうが似つかわしいかな、と個人的に思っているからです。撮影もまったくしないわけじゃないですし、でも、撮ることがお店の雰囲気へのノイズになるのは避けたい、という感覚。衝動としては、写真を撮るのとまったく同じ行動原理なんです。

写真を撮る（描く）習慣がつくと、もののうつくしさに敏感になり、構図を考える力がめきめき向上します。そして、撮ることを目的にお店に通うこともまた、きっかけとしてちっとも不純じゃないと思います（お店や周囲への配慮は欠かさずに！）。

それと別に、写真に限らず自分の投稿を「人に見られる／見てもらう」ことを前提にして行動しすぎるのは、シアワセ感を見失いやすいので、そちらはほどほどがいいのではないかな……と思うのでした。

喫茶「観察」絵日記。

聞き耳をたてる…編

近くの席の人たちの
お話はひとつの「ラジオ番組」の
ように流れ込んでくるもの。
それはときに、
カフェインや甘いものを
よりおいしくします。

このタイミングで発注してー
○○さんと△△さんのスケジュールはー
フリーズ
原稿料は〜
とくに仕事のはなし
よく喋る人の横だと脳が…
のっとられたみたくなって
何も考えられなくなる…よね.

打ち合わせ、
とてもよく
遭遇します…

隣席で静かにバトる編集さんと
著者さん。
ザ・心理戦
ウキウキ
紅茶が…ウマイ!!!

聴いてまする
疲れた脳に
オカルト
トーク
が
しみる
しみる
…
今日は満月ですね、
アセンションが〜
←高知能力者たちの集いらしい。
日本の未来が…

…
けっこうディープな話をしている
横の人たちの話に聞きいっている
横の人たち、帰る。
!
ボクがいいます!
わたしも帰る。
ひとつの番組を聴きおえた、みたいな気分になるのです。
話の切れ目が
喫茶の切れ目でも
あったり。
共感すれど
参加はしない。
「ものわすれ」の話でもりあがるご婦人がたと
最近、固有名詞が思い出せないことがあってー
わたしもよー認知症なのかしら…
顔やどういう人かはわかるのよねー
わたしもです…!!!
それに共感するわたし。
お店を出ようとするふたり
うちのサークルにすごいクラッシャーいるんだけど聞きたい?
聞きたい〜!!!
「サークル・クラッシャー」と思われる。
聞きたいです…!!!
出てっちゃったので聞けなかったデス…

最寄駅別 お店 リスト

おわりに

「喫茶店は裏切らない」

これは、描いていたまんがでキャラクターに言わせようと思っていたフレーズですが、ちょっとキツイ表現かもと思って遠慮したものです。

ちょうどこのテキストを書いているいま（２０１８年８月末）、話題の番組で似たフレーズが出てきて、巷では、パロディのように「裏切らない」という言い回しが抵抗なく使われていたりして……今なら使えたのに！

……とちょっぴりくやしく思っているところなのでした。

「喫茶店は裏切らない」
どんなに気持ちの浮き沈みがあっても、身のまわりの人たちと行き違ってしまっても、まわりの環境が変わっても、
喫茶店はいつもそこにいて、同じ顔をして待っていてくれる。

喫茶店というのは、その人にとって一軒のお気に入りがあれば十分と思っています。その一軒は、まちがいなく日々の助けになってくれるもので、うきうきした気分のときはもちろん、つらいときに訪れても寄り添ってくれるし、なんでもないときに足を運んでも、日々の心の余裕をたくわえてくれるものです。

わたしは喫茶店をそんな「小さな魔法」のように使っていて、本書では、わたしなりのそういったお店たちをご紹介しました。

ご紹介した以外にも、街には、たくさんたくさんのお店が存在しています。みんなに知られていてもそうでなくても、歴史があっても新しくても、あなたにとってくつろげる、そんな、自分だけのお気に入りのお店を見つける手がかりになれたらと思います。

本書をつくるにあたってご協力くださったお店のみなさま、お騒がせいたしました。いつもすてきな空間を、ありがとうございます。

これからもひっそりと通い続けますので、よろしくお願いいたします。

飯塚めり

東京喫茶《カフェログ》録

発行日 2018年10月29日 初版

著　者 飯塚めり
発行人 坪井義哉
発行所 株式会社カンゼン
〒101-0021
東京都千代田区外神田2-7-1 開花ビル
TEL 03(5295)7723
FAX 03(5295)7725
http://www.kanzen.jp/
郵便振替 00150-7-130339

印刷・製本 株式会社シナノ

PROFILE

飯塚めり
Meri Iizuka

イラストレーター／喫茶店観察家。カフェインで酔える喫茶マニア。おばけ好き。早稲田大学第一文学部卒。コラムニスト事務所、出版社勤務を経る。著書に『東京喫茶帖』(カンゼン)、『カフェイン・ガール』(実業之日本社)。季刊誌『珈琲時間』(大誠社)にて「喫茶の効用」連載中。ほか『東京ディズニーリゾート便利帖』シリーズ(新潮社)、『ホリイのずんずん調査 かつて誰も調べなかった100の謎』(文藝春秋)、『KADOKAWAの年賀状』シリーズ(KADOKAWA)など、様々な媒体でイラストを担当。2013年より、喫茶店めぐりミニコミ『別冊カフェモンスター』を制作中。

Web：ghostdisco.petit.cc
Twitter／Instagram：@milippe

ブックデザイン……アルビレオ
DTP……株式会社ライブ
写真……山本雷太
編集協力……キンマサタカ(パンダ舎)、一木大治朗
編集……森 哲也(カンゼン)

撮影協力……珈琲亭ルアン
カフェ マメヒコ 公園通り店

＊本書に掲載されている情報は、2018年9月現在のものです。お店のデータや料金など、掲載内容が変更されている場合がございます。詳細は各店舗にご確認ください。